封印作品「発禁&放送禁止」タブーの全真相

「噂の真相」を究明する会

宝島SUGOI文庫

宝島社

はじめに

最初に断言しておきたい。

日本の漫画、アニメ、映画は世界でも類をみないほど「差別表現」にあふれている。とくに子供向けにつくられた漫画は世界一の「ヘイト」コンテンツである、と。

その証拠となるのが本書である。これほど多くの封印作品が存在していることが、それを証明している。

しかし、このヘイトコンテンツは「誇るべき」日本の文化でもある。ここを、ぜひ、読者に知ってもらいたいのだ。

なぜ、これほどまでに封印作品が多いのか。それは日本の漫画文化に由来している。あまり知られていないが、日本の子供向け市場は世界最大といっていい。たとえば、小学生世代を1000万人としよう。たしかにアメリカは、その倍の規模があり、英語圏でみれば10倍以上になろう。

しかし、同一民族、同一言語、同一文化、同一の価値観、教育、所得といった水準で比べると、日本の1000万人市場は、ほぼ均質となる。均質なグループの規模でみれば日本は世界最大の「子供市場」を持っていることがわかるだろう。

もう一つ、日本の子供向け市場で重要なのは、子供自身が自由に使えるお金が「お年玉」やお小遣いによって、万単位で存在する点だ。欧米などの先進国では、子供向けの漫画やオモチャは大人が買い与える。大人が納得できる商品でなければ売れないのだ。日本の場合、子供が自身の好きなモノをお小遣いで購入してよい、という文化がある。逆に子供たち自身が喜ぶ商品でなければ、ちっとも売れないのである。

それがいかに異常なことか。やはり、海外と比較するとわかりやすい。多くの国の子供向けコンテンツは、基本的に洗脳とはいわないまでも、「国家」が求める理想の子供像、国民としての価値観に基づいてつくられている。同年代の子供といっても宗教、民族、文化によって生活習慣が違いすぎるために、まずは「共通」の価値観を植え付けようとするわけだ。差別的な表現のコンテンツが存在することなどあり得ないのだ。ここも日本は世界と違う。すでに均質な日本の子供に共通の価値観を植え付ける必要はない。とにかく子供たちが求めるコンテンツをつくれば、それが売れて、十分、商売になる。週刊漫画誌が、毎週、1000万部以上売れる文化圏は、世界の歴史上、戦後の日本だけだろう。

子供は、とても残酷であり、差別的であり、欲望に忠実な存在といっていい。そんな子供たちのためにつくられた日本の漫画やアニメは、当然、残酷で差別的で欲望的となる。それゆえに「封印」される作品も多いのは、ある意味、当たり前なのだ。それを否定するのは簡単だが、一方で日本の漫画やアニメが「クールジャパン」として世界的な評価を受けているのは、世界で唯一「子供のためにつくられた」コンテンツだからでもある。

世界一の差別表現として「否定」するのか、世界で最も子供を喜ばせてきた作品として「肯定」するのか。

本書を読んで、読者自身で判断してもらいたいと願っている。

時代に、世間に、殺される！
テレビドラマ 恐くて残念な〝発禁〟理由

第2章 アニメ「タブー」の真相

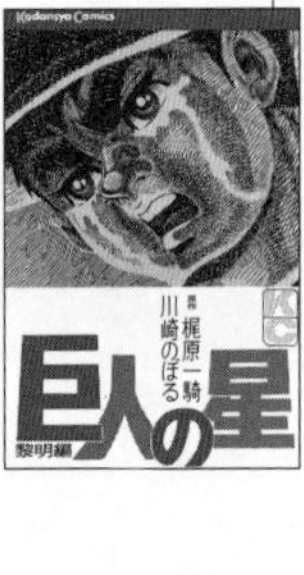

第3章 漫画「発禁」事件

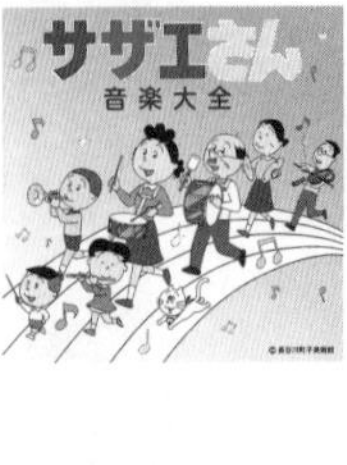

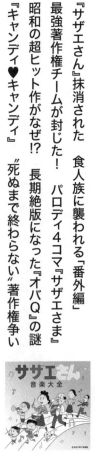

Kodansya Comics nakayosi
キャンディ♡キャンディ
いがらしゆみこ

ジョージ秋山
アシュラ 上

狂人軍
藤子不二雄

SPコミックス
さいとう・たかを

燃える！お兄さん 1
佐藤正

国が燃える
本宮ひろ志
1
人間によって過った流れは、
本宮ひろ志が現代に問う!!

原子力戦争
Lost Love
黒木和雄監督作品

第4章 映画「封印」のナゾ

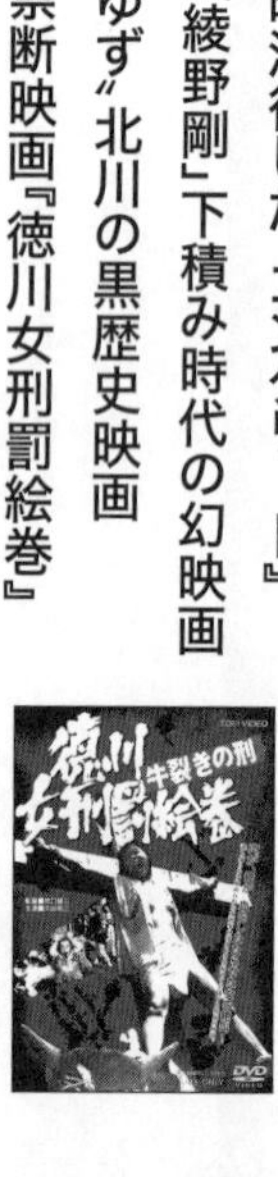

第5章 特撮「放送禁止」の真実

[装　丁] 妹尾善史(land fish)
[本文デザイン&DTP] 武中祐紀
[編　集] 片山恵悟(スノーセブン)

原作者急死で封印作品に
ドラマ『セクシー田中さん』

〝改変〟めぐる悲劇で令和の新たな封印作品が誕生か……
原作者を追い詰めたドラマ業界の慣例

文●佐藤勇馬

「尻すぼみだった」といった評価

　２０２３年10月期に放送された日本テレビ系ドラマ『セクシー田中さん』の原作者で漫画家の芦原妃名子《ひなこ》さん（享年50）が２０２４年1月に急死した。死の背景には「原作改変」をめぐる問題があり、新たな「封印作品」となりそうな状況だ。

　同ドラマは、芦原さんが２０１７年から連載していた同名コミックの実写化。「自分の価値は若くてかわいいことしかない」と思い込んでいる23歳の派遣ＯＬ・倉橋朱《あか》里《り》が、同僚の地味なアラフォーＯＬ・田中京子が実は夜にセクシーなベリーダンサーに変身していると知り、タイプも世代も違う２人が互いに影響を与え合い、成長していく物語だ。田中京子は木南晴夏《きなみはるか》、倉橋朱里は「めるる」こと生見愛瑠《ぬくみめる》が演じた。

ドラマは視聴者から好評を得ていたが、２０２３年12月24日の最終回放送前にドラマの脚本家が自身のＳＮＳで「最後は脚本も書きたいという原作者たっての要望があり、過去に経験したことのない事態で困惑しましたが、残念ながら急きょ協力という形で携わることとなりました」と記し、終盤の9話と10話（最終回）の脚本執筆を原作者に譲ったと明かした。放送後に「尻すぼみだった」といった評価が広まると、脚本家は「9・10話を書いたのは原作者です。誤解なきようお願いします」と重ねて投稿した。

脚本家や日本テレビを非難する声

終盤の脚本をめぐり波紋が広がるなか、芦原さんが２０２４年1月26日にXとブログで「9話・10話の脚本を書かざるを得ないと判断するに至った経緯や事情」を公表。芦原さんによると、ドラマ化を許諾するにあたり「原作に忠実にドラマ化する」「守られない場合は脚本に加筆・修正を行う」「未完の物語なので、終盤はあらすじからセリフまで原作者が用意する」という条件を出した。

ところが約束は反故《ほご》にされ、脚本やプロットは毎回のように原作からかけ離れた内容になり、そのたびに芦原さんが加筆・修正を繰り返したという。疲弊した芦原さんは「ドラマ化を今からでもやめたい」と訴えるほど思い悩んだうえに、終盤は時間的な制約もあり、畑違いのドラマ脚本を自ら執筆せざるを得なくなった。

芦原さんは「何とか皆さんにご満足いただける9話、10話の脚本にしたかったのですが…。素人の私が見よう見まねで書かせて頂いたので、私の力不足が露呈する形となり反省しきりです。漫画『セクシー田中さん』の原稿の〆切とも重なり、相当短い時間で脚本を執筆しなければならない状況となり、推敲を重ねられなかったことも悔いてます」などとして、終盤の展開に不満を持った視聴者に向けて謝罪した。

この経緯説明を受け、原作改変を繰り返したとされる脚本家や日本テレビを非難する声が相次ぎ、炎上騒動になった。芦原さんはあくまで視聴者への「事情説明」をしたのであり、告発や苦言ではなかったが、彼女の意図を離れて炎上は拡大した。

1月28日、芦原さんのブログやXの記述が削除され、Xに「攻撃したかったわけじゃなくて。ごめんなさい」と書き込まれた。これが最後の言葉となり、翌29日に芦原さんは栃木県日光市のダムで遺体となって発見された。死の理由を知ることはできないが、ドラマの原作改変をめぐる騒動が影響したのは間違いないだろう。

十分ではなかった意思の疎通

この事態を受け、日本テレビは「映像化の提案に際し、原作代理人である小学館を通じて原作者である芦原さんのご意見をいただきながら脚本制作作業の話し合いを重ね、最終的に許諾をいただけた脚本を決定原稿とし、放送しております」との声明を発表。小学館は「芦原先生のご要望を担当グループがドラマ制作サイドに、誠実、忠実に伝え、制作されました」とのコメントを出した。しかし、芦原さんの経緯説明を信じるならば、原作者、小学館、日本テレビ、そして脚本家の間に十分な意思の疎通がなかったことになり、両社のコメントとは矛盾する部分がある。

一方、脚本家は2月8日に「芦原先生がブログに書かれていた経緯は、私にとっては初めて聞くことばかりで、それを読んで言葉を失いました」と発言。「SNSで発信してしまったことについては、もっと慎重になるべきだったと深く後悔、反省しています。もし私が本当のことを知っていたら、という思いがずっと頭から離れません」と降板の件をSNSで発信したことを悔いたうえで、芦原さんと日本テレビが「原作に忠実にドラマ化する」といった約束をしていたとは知らなかったと訴えた。

それぞれ微妙に主張が異なっている状況だが、問題の本質は「原作改変」ではない。二次元の原作を実写にする時点でどうやっても改変は避けられないのだ。問題は、原作者との意思の疎通をおろそかにしてきたドラマの制作体制にある。

芦原さんは「ドラマの放送が終了するまで、脚本家さんと一度もお会いすることはありませんでした」と告白していた。もし一度でも原作者と脚本家が直接話し合う機会があったら、最悪の事態は防げたかもしれない。ドラマ業界では「脚本家と原作者を会わせない」という慣例があり、両者の間にはテレビ局のプロデューサーなどが入る。原作者と脚本家が直接やり取りすると、脚本がテレビ局のコントロール下から離れてしまう可能性があるからだ。脚本を完全に管理下に置くためのテレビ局の慣例が悲劇の原因になった。

つくりにくくなってしまった漫画原作のドラマ

『セクシー田中さん』問題の余波として、日本テレビは4月クールに同じ小学館の漫画を原作にしたドラマを放送予定だったが、急きょ制作中止に。問題の本質は原作改変ではなくコミュニケーション不足なのだが、漫画原作のドラマがつくりにくい風潮が広がっている。

取り返しのつかない悲劇となったことで、今作は「封印作品」となる可能性が高まった。地上波での再放送は「絶望的」とされ、ＤＶＤ化については芦原さんが他界する以前から「原作者と制作サイドの見解の相違」によってストップしていたと報じられている。現時点では、日本テレビ系の動画サービス「Ｈｕｌｕ」で配信されているが、もし配信が終了したら、そのまま「封印」となりそうな状況だ。

ただ、今作は芦原さんの想いや言葉が反映された作品であることには違いなく、本当に封印すべきものなのか。日本テレビは特別調査を実施するなど再発防止に取り組んでいるというが、この作品を今後どう扱うのかについても熟考してもらいたい。

■写真・ドラマ『セクシー田中さん』公式サイトより

ドラマ『セクシー田中さん』は平均視聴率6・1%(ビデオリサーチ調べ、関東地区)という安定した人気を得ていた

DATA●『セクシー田中さん』/放送期間:2023年10月22日~12月24日(全10話)。放送:日本テレビ系。制作:日本テレビ

原作漫画は2017年に『姉系プチコミック』で連載開始。作者の死で未完のまま終了となった

封印作品の王様『ウルトラセブン』

第12話「遊星より愛をこめて」初放送から50周年の2017年 〝正式解禁〟でスペル星人復活か！

文●金崎将敬

解説文に「ひばくせい人」

「封印作品」を語るとき、常に筆頭に挙げられるのが『ウルトラセブン』の第12話「遊星より愛をこめて」だ。数十年にわたって封印され続けていながら誰もが知っている有名作であり、その欠番に至る理由や経緯までもが明らかにされている。まさに封印作品の王様であり、格好のサンプルといえる一本だ。

「遊星より愛をこめて」は、１９６７年12月17日に放送された。この時点ではとくに問題にされることはなく、ウルトラセブンの敵として登場したスペル星人も雑誌記事に掲載されたり、関連商品も普通に販売されたりしていた。

1970年10月に発行された雑誌『小学二年生』11月号の付録「かいじゅうけっせんカード」に掲載されていたスペル星人の解説文に「ひばくせい人」と書かれていたことを女子中学生が気にかけ、父親に相談。この父親は東京都原爆被害者団体協議会の専門委員だったこともあり、『小学二年生』編集部に抗議文を送付した。この抗議の顚末を『朝日新聞』が「被ばく者を怪獣扱いした」などと取り上げたこともあり、抗議運動が全国的規模に広がるという事態になった。

汚名を着せられたスペル星人

抗議を受けた円谷プロは、1970年10月21日付けで謝罪。この12話を欠番とし、スペル星人に関する資料を公開しないことを決定した。この迅速な対応は、翌1971年4月から『帰ってきたウルトラマン』の放送を控えていたため、騒動の拡大を回避した結果ともいわれている。

ここで重要なのは、作品そのものに抗議があったわけではなく、雑誌付録のカードの解説文が問題になったこと。「クレームを受けての自主規制」として、封印されてしまったという事実だ。

こうして「永久欠番」となった12話と、いわれなき汚名を着せられたスペル星人は、時代ごとに様々な扱いを受けることとなり、「ウルトラ」シリーズ最大のタブーとして、逆に注目を集めていくようになる。

80年代に入るとスペル星人のオモチャや映像はコレクターズアイテムと化し、特撮マニアや黎明期の「オタク」たちの間で珍重されるようになる。

どこから流出したのかもわからない「遊星より愛をこめて」の本編映像は裏ビデオ化し、様々な形で流通。連続幼女誘拐殺人事件を起こした宮崎勤もこの作品のビデオを所持し、トレードや売買に関わっていたという話もある。

なぜいつまでも封印し続けるのか

初期「ウルトラ」シリーズの再評価が高まり、研究記事や関連書籍が出版されるようになると「セブンの12話」はテーマの一つとして取り上げられることが増え、封印に至った経緯の検証がされるようになる。関係者による証言なども集められ、その事情が判明してくると、なぜいつまでも封印し続けるのかという意見も大きくなってきた。

２０００年代に入り、インターネットの時代になると、有志の間でさらなる検証や研究が行われ、「遊星より愛をこめて」の本編も動画サイトなどで気軽に観られるようになった。オタク世代がモノづくりに関わるようになってくると、スペル星人はもはや誰もが知っている「ネタ」となり、パロディ的に取り上げることなども増え、もはやタブー感はいっさいなくなったといっても過言ではない。

「レア」であれば価値が生まれる

もし「遊星より愛をこめて」が封印されていなければ、名作の多い『ウルトラセブン』のなかの目立たぬ一エピソードとして消費されるだけだったはずだ。しかし、クレームによって「なかったこと」にされたおかげで、この物語はあらゆる角度から研究されることとなった。時代ごとに変わっていく差別意識や、抗議やクレームに対する企業の対応の是非など、様々な人が関わってつくられた一本の作品について、誰がどこまで責任を取り、「封印」を決定しているのかという問題。

また、内容などおかまいなく「レア」であれば価値が生まれるとするマニア心理や市場原理も象徴している。

事実上、12話はすでに封印作品でもなんでもなくなっているのだが、公式にはいまだに「欠番」となっている。

『ウルトラセブン』は２０１７年に初放送から50周年を迎えた。この記念すべき年にあわせて、ついにこの12話が正式に解禁されるという噂もあったが実現しなかった。そのときにあらためて「封印とは何か」ということを考えさせられることになったのだ。

DATA●『ウルトラセブン』／放送期間：1967年10月1日～1968年9月8日（全49話）。放送：TBS系。制作：円谷プロダクション

問題になった「かいじゅうけっせんカード」。必殺技は「目からビーム」

1971年発売の『ウルトラ怪獣写真えほん』（黒崎出版）でもスペル星人が写真付きで紹介されている

第1章

テレビドラマ「闇」の正体

『太陽にほえろ！』放送禁止はマニア泣かせの謎だらけ！

取材・文●金崎将敬

刑事ドラマに革命を起こした全718話の超大作

１９７２年の放送開始当時、銀幕スターとして映画を中心に活躍していた石原裕次郎をメインキャストに起用した刑事ドラマ『太陽にほえろ！』。長髪にジーンズや革ジャンなどの若者ファッションに身を包み、乱暴な言葉遣いをするかっこいい若手刑事がド派手に立ち回るという物語は、従来の刑事ドラマの概念を覆し大ヒット。まさに刑事ドラマに〝革命〟を起こした。

キャスト陣は豪華絢爛。ショーケンこと萩原健一演じるマカロニ刑事、その後を引き継いだ松田優作演じるジーパン刑事、その他にも沖雅也、世良公則、三田村邦彦、神田正輝など、そうそうたる若手俳優が、清潔に髪を整えてフォーマルなスーツに身を包んでいた従来の礼儀正しい刑事像を覆し、それぞれの強烈な刑事像をブラウン管の中で競い合った。

さらに、元「ザ・スパイダース」の大野克夫が作曲、井上堯之《たかゆき》バンドが演奏した、オープニングテーマの印象も強く、インストゥルメンタルでありながらサウンドトラックが何枚もつくられるほどの驚異的なセールスを記録した。

1972年7月21日に放映開始し、1986年11月14日までの約14年間、ほぼ毎週放送され続けたこの作品は、シリーズのエピソード総計718話にも及ぶ大長寿番組であるために、その全貌を正確に把握することは至難の業だ。しかし、現在わかっているだけでも、いくつか再放送できないエピソードが存在しているのは確かである。

プロデューサーが明かした制作秘話と放送禁止のわけ

番組のプロデューサーを務めた岡田晋吉は『おれは男だ!』『傷だらけの天使』『大都会 闘いの日々』などを手掛けたヒットメーカー。岡田は、後年、日本テレビから発行された自らの著書『青春ドラマ夢伝説 あるプロデューサーのテレビ青春日誌』(2003年)で『太陽にほえろ!』制作の秘話を明かしているが、それによると、あるエピソードの撮影では本物のライフル銃や鋲打ち銃を使用していたために銃刀法違反で逮捕されかけたことがあったという。そのときはすんでのところで逮捕は免れたとのことだが、それに該当するエピソードが放送禁止となったのは当然の処置だろう。

また、本放送時にはなんの問題もなく使用されていたセリフが、後年のテレビにおける自主規制基準の変化によって〝不適切な表現〟へと変わってしまい、現在では再放送できなくなったというパターンも存在していると明かした。

これらのエピソードには現在発売されているDVDシリーズに収録されていないものも存在する。現在視聴することはほとんど不可能という話が、わかっているだけでもかなりの数存在し、まさに〝放送禁止マニア〟泣かせのドラマなのである。

同作品の熱狂的なマニアたちは放送禁止のエピソードを探しては、その理由を探そうと現在も血眼《ちまなこ》になっているが、「プロデューサーが納得のいかない終わり方だった」「容疑者を殺して終わる回がダメなのかもしれない」など、憶測の域を超えない状況である。

ちなみに、初期作品が収録されているDVDボックス「マカロニ刑事編」に限っていえば、第19話「ライフルが叫ぶとき」、そして第27話の「殺し屋の詩」の2本が未収録であるが、その理由は明らかになっていない。

前者の「ライフルが叫ぶとき」は、竜雷太演じる〝ゴリさん〟がライフルを構えるシーンがあるので、前述した岡田プロデューサーの著書にあった「実銃使用事件」が原因とする意見もあれば、犯人役で出演している地井武男が後年（第526話〜最終話）、〝トシさん〟こと井川利三役で出演していることが問題とする説もある。

14年もの月日を重ねた大長寿シリーズであるだけに、「かつては犯人役で出た役者が、後年は刑事役で出ている」というケースはあるようで、整合性を持たせるために放送禁止にするというのは、事実のようである。

ファンからすれば、そのような細かいところには目をつぶってすべてを楽しむことができる状況を一日も早く実現してほしいというのが本音ではあるが、制作者側の感情と放送局側の都合は、また別のところにあるということなのだろう。

DATA●『太陽にほえろ』／放送期間：1972年7月21日〜1986年11月14日（全718話）。放送：日本テレビ系。制作：日本テレビ。出演者：石原裕次郎、露口茂、竜雷太ほか

出演陣、制作者ともにそうそうたるメンバーが名を連ねている

欠番となった作品は6本あるとされているが、その理由は謎のままだ

山下清が富士登山中に死す『裸の大将放浪記』幻の最終回

取材・文●金崎将敬

シリーズ存続のためにお蔵入りになった最終回

「ボ、ボ、僕はおむすびが食べたいんだな」という朴訥《ぼくとつ》な名セリフを振りまきながら、坊主頭にランニングシャツという出で立ちの中年男性が全国をめぐり、各所でハートウォーミングな騒ぎを巻き起こしながら美しい絵画を描いてまわる。そんなお伽噺《とぎばなし》のような作風で知られる1980年開始の人気ドラマ『裸の大将放浪記』。同作の主人公は、〝日本のゴッホ〟と呼ばれたサヴァン症候群の天才画家・山下清。〝個性の塊〟を演じたのは、「見た目が似ているから」との理由で抜擢された名優・芦屋雁之助だった。

いまだにお笑い芸人の「ドランク・ドラゴン」の塚地武雅が清を演じる続編がつくられるなど人気の作品だが、実は雁之助版『裸の大将放浪記』には清が死ぬ最終回（第13話）が存在した。「清が富士山に登る途中で力尽きて死んでしまう」という内容で、清の実際の命日である1971年7月12日（享年49）に近い1983年7月10日にオンエアされた。

本来ならば、この回をもって同シリーズは終了となるはずだったが、番組は制作陣の予想以上に人気が出てしまい、局では雁之助続投による番組再開の気運が高まった。

雁之助は「山下清」のイメージが定着するのを嫌い、「いい歳こいて裸になるのもつらい」とオファーを断り続けたが、先輩俳優・宇野重吉の「役者として、当たり役が持てるのは幸せなこと」という忠告もあり、再び山下清を演じることを決意。番組は83話まで続く国民的ドラマとなった。

そんな人気ドラマであるだけに、清が死んでしまっては続行不能という理由で、第13話は「なかったこと」にされた。サンテレビでの再放送では第13話の放送はなく、発売されたビデオ全集にも未収録だった。

しかし、現在この幻の最終回は、DVDセットに映像特典として収録され、封印は解禁となりファンを喜ばせた。

シリーズを続けるために最終回が消されたのなら、ファンも納得だ。DVD-BOX『裸の大将 上巻』(2008年)より

DATA●『裸の大将放浪記』／放送期間：1980年6月1日～1997年1月2日（全83話）。放送：フジテレビ系。制作：東阪企画・関西テレビ。出演者：芦屋雁之助、高見知佳、森繁久彌ほか

エイズ差別で再放送禁止に！『あぶない刑事』の封印ナンバー

取材・文●金崎将敬

『太陽にほえろ！』から続く日テレ系刑事ドラマの本流企画

横浜というベイエリアを舞台に、スタイリッシュなスーツに身を包んだサングラス姿の舘ひろし（タカ）と柴田恭兵（ユージ）が駆け回る、1980年代後半のバブルな時代感を色濃く反映した人気刑事ドラマ『あぶない刑事《デカ》』。脇を固める浅野温子（薫）、仲村トオル（透）らのキャスティングもまた、当時全盛のトレンディドラマ路線そのものである。一見してイロモノ的な企画だが、ここに1970年代の『太陽にほえろ！』で刑事ドラマの常識を打ち破った岡田晋吉プロデューサーが企画で参加していることからもわかるように、紛れもない日本テレビ系刑事ドラマの本流企画であり、その人気は現在まで続く。2016年の1月には劇場版として『さらば　あぶない刑事』が公開された（2024年5月に『帰ってきた　あぶない刑事』が公開）。

そんな人気シリーズのなかにも封印ナンバーは存在する。1994年と1996年に地方局で再放送された際に、第33話『生還』がカットされていたのである。
覚せい剤の密売組織に潜入していたタカが監禁され、横浜港署内で心配する同僚たちの会話が問題になったのだ。薫が「女のところへ行っているのよ」と言えば、ユージは「男だったりして」とらしい返答。さらに薫が「エイズの検査に行ったのよ」とかぶせ、「タカはエイズに違いない」と騒ぎ立てる。それを聞いて顔を曇らせる透が一言「ヤバい～この間、鷹山先輩（タカ）とキスしちゃった……」と衝撃的な告白。気がつくと、彼の周りから人がいなくなっていく……という〝エイズオチ〟が描かれていたのである。さらに最後には、ホウキを持ってきたベンガル（田中）が追い出そうとするという丁寧なかぶせまでついてくるのだった。

当時はまだエイズに対して社会的に知識が乏しい状態であったため、「男性の同性愛＝エイズ」という乱暴な方程式が成立していたためであろうが、現在ではとても地上波で放送できない差別的な描写である。ちなみにこの回は、CS放送やDVD版では確認されているが、時代によって表現の意味が変わってくるという代表例である。

日本人エイズ患者が確認されたのは、放送1年前の1985年。正しい知識が広まっていなかった

DATA●『あぶない刑事』／放送期間：1986年10月5日～1987年9月27日（全51話）。放送：日本テレビ系。制作：セントラル・アーツ。出演者：舘ひろし、柴田恭兵、仲村トオルほか

キムタクを模倣し少年が殺人事件『ギフト』再放送禁止の理由

取材・文●金崎将敬

バタフライナイフで女性教諭を生徒が殺害

1990年代末期から2000年にかけては、木村拓哉主演のいわゆる〝キムタクもの〟ドラマの全盛期。『ロングバケーション』（1996年）、『ラブジェネレーション』（1997年）、『ビューティフルライフ』（2000年）と、恋愛ドラマが定番だった〝キムタクもの〟にあって、社会派のテーマを描いた1997年の『ギフト』は異色作だった。

51億円を横領して失踪した厚生省（当時）の官僚・岸和田（緒形拳）の共謀者・奈緒美（室井滋）は、岸和田の部屋にあるクローゼットの中から、血まみれの若者（木村拓哉）を発見。その若者は記憶を失っていたため奈緒美に由紀夫と名づけられ、特殊なギフトを配達する仕事「届け屋」として働き始める。その裏稼業を通じて様々な人間と出会った由紀夫は、次第に不良時代の記憶を取り戻していく―という話。

ブランドもののスーツを着て葉巻をくわえ、ブライアン・フェリーの『TOKYO JOE』をテーマソングに都会でマウンテンバイクを乗り回すキムタク。脚本を担当した『らせん』『ドラゴンヘッド』などを監督した飯田譲治は、松田優作の代表作『探偵物語』のようなアンチヒーロー路線を狙ったという。たしかに、全盛期のキムタクは、男女問わず誰もが憧れる対象だった。しかし制作者が狙ったその〝カッコよさ〟が、作品にとって悲劇となる。

1998年、栃木県黒磯市の中学校で女性教諭を男子生徒が殺害する事件が起こった。加害者の少年はなぜ凶器にバタフライナイフを使ったかと問われ、『ギフト』でバタフライナイフを振り回すキムタクを「カッコいい」と思い、「凶器に使用した」と供述。この報道がされるなり、再放送中の『ギフト』は即時放送中止。放送を予定していた局も番組を変更し、その後、同番組の再放送は全国的に放送自粛に。現在もDVDは未発売という状況だ（2019年にDVD化）。しかしながら、ドラマの内容は不良少年を肯定するものではない。制作者が作品に込めたのは、「人は変われるのか？」という人間らしいテーマだった。そして「嫌な過去を持つ自分と決別するところ」に、新たなヒーロー像を見出していたというだけなのだ。

DATA●『ギフト』／放送期間：1997年4月16日～6月25日（全11話）。放送：フジテレビ系。制作：フジテレビ。
出演者：木村拓哉、室井滋、篠原涼子ほか

車が見物客に突っ込んだ！『西部警察2003』の大惨事

取材・文●金崎将敬

80年代の人気刑事ドラマが「1話1億円」で復活のはずが……

高視聴率を誇った『大都会』シリーズに続いて、石原プロが制作した『西部警察』（テレビ朝日系・1979年〜）。ショットガンなどの警察らしからぬ派手な銃火器を使用し、爆破&火薬満載の過剰演出をほどこした、1980年代末のバブル期を先取りしたような刑事ドラマだ。

そんなかつての人気ドラマが、『西部警察2003』として19年ぶりにシリーズで復活することになった。「1話1億円」という桁違いの予算で、旧作のファンのみならず、新たなファン層の獲得も期待されていた。

しかし、放送を直前に控えた2003年8月12日、撮影中に見物客を巻き込み、5人が重軽傷を負う交通事故が発生してしまう。これにより、番組の制作は中止に。

事故の現場は、名古屋市内にあるカー用品店「スーパーオートバックス名古屋ベイ店」の駐車場。見物客500人が見守るなか、中国人密輸組織の構成員を追い詰める刑事がTVR製タモーラ、TVR製タスカンなるイギリス車で倉庫から緊急出動。先を行くタモーラは見物客の前を無事通過したが、その後を追う〝石原プロ期待の若手〟池田努運転のタスカンはハンドルを切りすぎて駐車車両に激突しかけ、それを回避しようと逆ハンドルを切ったが、接触事故を起こし制御不能に。そのまま植え込みの前にいた見物客に突っ込んでしまう（事故の様子は現在もYouTubeで視聴可能）。

この事件を受けて、涙ながらの記者会見を開いた池田は「いいところを見せたくてアクセルを踏みすぎた」と語ったが、池田とともに病室で土下座をして回った石原プロ社長（当時）・渡哲也の被害者への真摯な対応もあり、ほどなくして被害者全員と和解が成立。

被害者のケガも回復したとして、2004年10月31日に、問題のロケの部分を含まない2時間スペシャル特番『西部警察SPECIAL』が放送された。

これは連続ドラマ『西部警察2003』の開始直前に放送される予定であったもので、同年12月24日にDVDとしても発売され予約で3万枚を超える大ヒットとなった。しかし、肝心のドラマシリーズはお蔵入り。いまだ復活の声も聞かれない。

DATA●『西部警察2003』／放送期間：制作中止。放送：テレビ朝日系。制作：テレビ朝日、石原プロモーション。出演者：渡哲也、舘ひろし、徳重聡ほか

抗議、訴訟で〝完全封印〟團十郎『武蔵MUSASHI』

取材・文●金崎将敬

小泉今日子が、上半身裸で武蔵に「抱いてください……」

NHKテレビ放送開始50周年を記念して、並々ならぬ熱意を持って企画された2003年の大河ドラマ『武蔵MUSASHI』。大御所歴史作家・吉川英治の代表作を原作に、当時売り出し中の市川新之助（現・團十郎）を主役の宮本武蔵役に据え、その脇を固める米倉涼子、堤真一、宮沢りえ、仲間由紀恵ら豪華な役者陣に加え、大河ドラマ初出演のビートたけしも話題を呼んだ。さらに音楽にはマカロニ・ウエスタンの巨匠、エンニオ・モリコーネまで起用しているのだから恐れ入る。しかし、この豪華すぎる布陣にもかかわらず、『武蔵MUSASHI』はNHKが当初目論んでいたような成功は収められず、それどころか視聴率も低迷したまま放送を終えた。その原因には、同作の封印回の影響もあったのかもしれない。

4月6日放送の第14話「美は美なり！」において、小泉今日子演じる吉野太夫が、上半身裸で武蔵に「抱いてください……」と迫ったシーンが問題になったのだ。たしかに、〝伝説の遊女〟として語り継がれる吉野太夫の描写としては不思議ではないのだが、京都の花街・島原に本拠を置く角屋保存会が「文化人であった太夫への誤解を生む」としてNHK側に対して徹底的な抗議をみせたのだ。これ以降、NHKで島原を取り上げることはなくなったとされ、この回の再放送もされることはなかった。さらに作品自体も、2000年代に制作された大河ドラマで唯一DVD化されず、NHKオンデマンドでも閲覧できないという完全な〝封印作品〟状態になっている（2023年にDVD化）。

その他にも柳生石舟斎《せきしゅうさい》役で出演した藤田まことがセリフの変更をいっさい認めない制作陣にストレスを溜め、このドラマ以降NHKに出演しなくなったばかりか、総集編での出演シーンもカットとなっている。さらには黒澤明の相続人により映画『七人の侍』からのパクリ疑惑で1億5400万円の損害賠償を求める訴訟が起きる（のちに原告棄却）など、負のエピソードには事欠かない、いわくつきのドラマなのである。

中井貴一、高嶋政伸、永島敏行、和久井映見、寺島しのぶも出演

DATA●『武蔵 MUSASHI』／放送期間：2003年1月5日～12月7日（全49話）。放送：NHK。制作：NHK。
出演者：市川新之助、堤真一、米倉涼子ほか

『相棒』不適切表現で放送禁止！高岡早紀の守秘義務違反シーン

取材・文●金崎将敬

被害者の貸し出し記録を自発的に、あっさりと開示

特番枠での放送開始以来、24年にわたりテレビ朝日の誇る驚異の高視聴率番組として君臨する刑事ドラマシリーズ『相棒』。〝特命係〟のキレモノ、水谷豊演じる杉下右京が、タイプの違う〝相棒〟（初代は寺脇康文演ずる亀山薫）と凸凹コンビを結成しつつ、その恐ろしいほどの推理能力を活かし事件を解決する。『シャーロック・ホームズ』『刑事コロンボ』に連なる正統派の刑事ドラマで、同じ系譜にある『古畑任三郎』よりもケレン味がない演出となっているのは、「土曜ワイド劇場」という主婦向けの特番を母体にしたドラマであるからであろう。

この『相棒』にも、やはり封印された回は存在する。それは連続ドラマ化されて3シーズン目、2004年12月8日に放送された「夢を喰う女」である。

定年退職をした老人の刺殺体が相次いで2体発見され、そのどちらの遺体にもかた

わらには中身が白紙の本が発見された。その犯人捜査において発見された図書館カードから「世田谷区立南図書館」を訪れる杉下と亀山。ここで図書館司書役（しかも殺人犯）で登場する高岡早紀が被害者の貸し出し記録を自発的に、あっさりと開示してしまうのだが、それが問題となったのだ。

このシーンに対し、日本図書館協会がテレビ朝日に「地方公務員法第34条の守秘義務違反になりかねない」と抗議。これに対しテレビ朝日は2004年12月15日付で「捜査令状を見せるシーンを省略したことは不適切だった」と謝罪。後日謝罪テロップも放送している。

この事件を受けて制作側ではこの回を欠番とし、オフィシャルガイドブックにも明記。以降再放送もせず、DVDやノベライズ書籍からも外されている。リスキーな表現を避け、万全を期したつもりでも、放送禁止の罠は至るところに待ち受けているのだ。

これほどの長寿番組に1話しかお蔵入りがないのはさすがというべきか

DATA●『相棒season3』／放送期間：2004年10月13日～2005年3月23日（全19話）。放送：テレビ朝日系。制作：テレビ朝日・東映。出演者：水谷豊、寺脇康文ほか

名作ドラマ『やまとなでしこ』押尾学出演で再放送自粛

取材・文●森嶋吾郎

再放送できないことから新作にファンを誘導できず

かつて数々の有名ドラマに出演してきた俳優たちが窮地に立たされている。まず俳優の堤真一は、2015年に放送されたドラマ『リスクの神様』（フジテレビ系）で主演するも視聴率は伸び悩み、1ケタ台を連発。回によっては3パーセント台を記録するなど近年稀にみる超不人気作品となってしまった。

また、女優の松嶋菜々子は2011年の主演ドラマ『家政婦のミタ』（日本テレビ系）で、最終回に40パーセントというテレビドラマ史上に残る高視聴率をマークしたものの、2016年の連ドラ主演作『営業部長　吉良奈津子』（フジテレビ系）では、5パーセント台まで落ち込み大苦戦。そんな2人が過去に共演したヒットドラマといえば、2000年の『やまとなでしこ』（フジテレビ系）だが、現在、同作品は再放送できない事情があるという。

「過去にその俳優が出演した人気ドラマを再放送して、新ドラマに視聴者を誘導するという手法がありますが、『やまとなでしこ』に関しては放送できない状況があります。なぜなら同ドラマには、2009年に違法薬物を使用するなどして逮捕された、俳優の押尾学が重要な役どころで出演しているため、地上波での放送が不可能となっているのです」（テレビ誌記者）

俳優による薬物逮捕といえば、1993年の『ひとつ屋根の下』（フジテレビ系）も、いしだ壱成と酒井法子が出演しているため存在を抹消されていた。しかし2015年に突然、ブルーレイが発売され、その封印が解かれた（2020年にはDVD化）。

「押尾の場合は、いしだや酒井とは状況が違います。押尾は薬物使用で逮捕されただけでなく、現場で一緒に薬物を使用していたホステスの急変を放置し、保身のため救急車も呼ばず死に至らしめました。現在は出所しているとはいえ、事態を重く受け止めている局側は今後も放送を自粛し続けると思われます」（同前）

1人の身勝手な行動で、過去の出演作を潰された共演者やドラマ関係者には気の毒というほかない。

DATA●『やまとなでしこ』／放送期間：2000年10月9日～12月18日（全11話）。放送：フジテレビ系。制作局：フジテレビ。出演者：松嶋菜々子、堤真一、押尾学ほか

惨殺シーンにトラウマ続出『猿飛佐助』のやりすぎ演出

取材・文●光益公映

ド派手な最終回の演出が視聴者に強烈なショックを！

映画やドラマのアクション・ヒーローもので、特撮や殺陣《たて》と並んで重要な仕事に、「弾着」というものがある。銃撃戦の場面で、発砲した際の砲煙や弾が当たった煙などを演出する職種である。よい弾着は場面を盛り上げ、作品自体の質まで左右することもある。

だが、あまりに張り切ってしまったために、番組自体が再放送自粛に追い込まれてしまった例があるのだ。

１９８０年に日本テレビ系で放送された『猿飛佐助』である。

当時、人気絶頂であったアイドルの太川陽介を主演に迎え、徳川軍と戦う真田十勇士の活躍を描いた時代劇アクション。視聴率は苦戦したものの、評価はまずまずのドラマだった。

クライマックスに用意される忍術を使った特撮やアクションの見せ場が売りだったが、回が進み、いよいよ最終回というとき、問題が起こった。

物語の最終場面。宿敵の服部半蔵を倒したあと、徳川家康の鉄砲隊に主人公の猿飛佐助が撃ち殺されるシーン。罠にかかった佐助に対して鉄砲隊が一斉射撃を仕掛けるのだが、そこで主人公を演じる太川陽介は文字通り蜂の巣となって、これでもかというほどの「血まみれぼろ雑巾状態」で絶命をする。「弾着」の演出として最高の出来栄えだったが、人気アイドルの惨殺シーンは視聴者に強烈なショックを与え、抗議の電話と手紙が殺到。結果、日本テレビは『猿飛佐助』を再放送自粛リストに加えてしまったという。ちなみに制作会社だった国際放映の弾着部門は、「とかくやりすぎる」という定評があったという。

『猿飛佐助』がＤＶＤ化され、ＣＳでの再放送にこぎつけたのは、実に放送から25年後の２００５年になってからだった。

2016年にはリマスター版として再びDVD化された

DATA●『猿飛佐助』／放送期間：1980年5月11日～10月5日（全17話）。放送：日本テレビ系。制作：日本テレビ、国際放映。出演者：太川陽介、宍戸錠、川崎麻世ほか

差別用語を理由に消された『鬼一法眼』本当のタイトル

取材・文●光益公映

差別用語狩りの犠牲になった若山富三郎主演の傑作時代劇

「差別用語」という言葉が広まり、それまで普通に使われていた言葉までもが「差別」を意図していると槍玉に挙げられるようになったのは1970年代の半ばすぎだ。そのあおりを食って放送が自粛されるようになった作品は少なくない。

傑作時代劇『啞侍鬼一法眼《おしざむらいきいちほうがん》』もその一つ。原作・五社英雄、主演・若山富三郎、制作・勝プロダクションの作品である。

現在は「差別用語」であるとしてあまり使われなくなった「啞《おし》」という言葉は、障がいにより言葉が話せない人を指す。

この映画では長崎でイスパニアの剣士に両親と許嫁《いいなずけ》を殺され、自らも喉を裂かれて啞となった主人公が、賞金稼ぎに身をやつしながら復讐を遂げるまでが描かれている。

設定上、描かれているのは手話のない時代であり、意思の疎通は簡単な身振りと筆談だけで行われている。それがかえって主人公の存在感と迫力を高めているのだ。

この作品は時代劇の金字塔『座頭市』の延長線上にある。盲目の剣士である市が悪党を斬り倒す痛快さと哀愁を帯びた傑作だが、市を演じたのが、若山富三郎の実弟である勝新太郎。『唖侍鬼一法眼』の制作をした勝プロダクションの社長なのだ。弟の勝新が盲《めくら》で当たったから兄の若山は唖で、という商業的な戦略だった。

さて、この『鬼一法眼』だが、原題のままでは放送ができない。唖という言葉が放送コードに引っかかるのである。そこで現在は、オープニングタイトルに画像処理を加えて「唖侍」を取り、『鬼一法眼』という題名にしたうえで、DVD発売とCSでの再放送がされている。

作品の内容は障がい者を卑しむものではまったくないのだが、原題の『唖侍鬼一法眼』が復活することは現在では難しい状況だ。

主題歌は若山の弟、勝新太郎が歌う。まさに兄弟の共同ビジネスだ

DATA●『唖侍鬼一法眼』／放送期間：1973年10月7日～1974年3月31日（全26話）。放送：日本テレビ系。制作：勝プロダクション、日本テレビ。出演者：若山富三郎、勝新太郎、ジュディ・オングほか

『座頭市』を丸パクリ！松竹の黒歴史『めくらのお市』

取材・文●光益公映

お嬢様女優・松山容子の新境地を拓いた幻の映画

松山容子という名前でぴんとこなくても、ボンカレーのパッケージや昭和レトロのホーロー看板に出ている女の人といえばわかるだろう。松山容子は松竹のニューフェイスとして映画界に入り、１９５７年から戦後の高度成長期を中心に活躍した美人女優。四国の松山の名家に生まれたお嬢様であり、上品な容姿から時代劇のお姫様役を多く演じた。

その彼女が主演を務めたテレビドラマに、放送禁止となった作品が存在する。『めくらのお市』である。

現代では題名だけでアウトといった感じだが、ストーリーは、盲目の美人剣士が赤い仕込み杖を振るって、母親を捜しながら悪党を退治するというものだ。もうおわかりであろうが、大映の『座頭市』の丸パクリなのだ。タイトルには放送禁止用語、さらにストーリーもパクリとあっては、テレビドラマ、映画版ともに地上波での再放送はいっさいなし。2008年にCSで放映があったが、今でもソフト化はされておらず、事実上の封印作品といえるだろう（現在はアマゾン・プライム・ビデオで視聴可能）。

とはいえ、作品の出来栄えはよく、映画版は興行的にも成功し、シリーズは4作品続いた。

ちなみに2008年に公開された綾瀬はるか主演の『ICHI』という映画があるが、こちらは『めくらのお市』のリメイクではなく、『座頭市』を女性版にアレンジしたもの。

お姫様役が多かった松山だが、『めくらのお市』で彼女が演じたのは、実の母親に雷の日に捨てられたアウトローに落ちていく哀れな女性である。松山は「お市」を演じることで新境地を開拓し一躍スター女優となり、その後、原作者の男性と結婚をした。

『めくらのお市』での松山の殺陣《たて》はとても美しい。目を見開き、盲人である

初めてアウトローな役を演じ、松山容子の女優としての才能が開花

がゆえに視線を一点に置いたまま振るう赤い仕込み杖は、明らかに他の時代劇では見られなかった色気が漂っていた。
地上波でより多くの人に観てほしいと切に思うのであるが、実現は難しいだろう。

DATA●テレビ版『めくらのお市』／放送期間：1971年4月12日〜9月27日。放送：日本テレビ系。制作：ユニオン映画。出演者：松山容子、丹波哲郎、鈴木やすしほか

『めくらのお市　地獄肌』(1969年)は映画版のシリーズ2作目

特撮あれこれ

時代に、世間に、殺される！
テレビドラマ恐くて残念な〝発禁〟理由

取材・文●金崎将敬

今ではこんな描写できない。時代により変遷する〝放送コード〟

〝垂れ流しの功罪〟といえようか。地上波ドラマの放送禁止作品は少なくない。まず、わかりやすい例として、今ではこんな描写はできないという作品がある。いわゆる、〝放送コード〟の変化による放送禁止である。

たとえば、1975年から1982年にかけ全355回放送された大人気刑事ドラマ、『Gメン'75』（TBS系）。今は亡き国際派俳優・丹波哲郎をボスに、夏木陽介、若林豪などの若手スターが脇を固めるハードボイルド路線の作品であり、加えて、アクションスター・倉田保昭の出演、さらには『仮面ライダー』の作曲家として知られる菊池俊輔のテーマソングと、東映アクション好きにもたまらない要素が満載のドラマだった。

しかし、この第56話「魚の眼の恐怖」が、放送禁止なのだという。出刃包丁を持った魚屋（谷村昌彦）が、17歳の盲目の少女の両目を刺して殺害。しかし、犯人は刑法第39条「心神喪失者の行為は、罪しない」によって釈放されてしまう。「『眼が怖かった』と意味不明の言動を繰り返す魚屋の親父が、視覚障がい者の目を刃物で刺す」という残虐な内容からか、局によっては再放送を見送られた。

なお、本作は「ファンが選ぶベストエピソード」の14位に選ばれ、2009年に発売したセレクションDVD-BOXの第2弾には収録されている。

有名漫画を丸パクリ。放送終了後に謝罪

次に、制作者の不手際で放送禁止になった例をみていこう。

1995年、日本テレビ系列で放送されたドラマ『終らない夏』である。主演の瀬戸朝香とV6の井ノ原快彦が、この作品での共演をきっかけに結婚した番組だが、劇中のセリフや設定が、『別冊マーガレット』の人気暴走族漫画『ホットロード』（紡木たく作・1986〜1987年連載）と酷似していると、オンエア期間中からクレームが殺到した。

なぜ有名すぎる漫画をパクってしまったのか不思議だが、全10話の放送が終了すると、脚本家・梅田みか（劇場版『花より男子』など）と日本テレビは、盗作を認めて謝罪。

もちろん、作品の再放送、ソフト化、ノベライズなど、いっさいの商品化が行われていないドラマなのである。

また、出演者の〝問題〟によって放送禁止になってしまう作品も数多く存在する。

たとえば、1980年代後半のバブル期目前の軽妙なノリが特徴の刑事ドラマ『スーパーポリス』（1985年・TBS系）。

主役は『西部警察』の三浦友和。そこに『Gメン'75』の丹波哲郎、『太陽にほえろ！』の小野寺昭と、有名刑事ドラマから一人ずつ出演者を集めたオールスター的な配役。しかし、放送時間帯が土曜日の21時という激戦区だったこともあり、視聴率は苦戦。全24回の予定が15話で打ち切られた。その後、ソフト化されることもない幻のドラマである。

2011年、CSで再放送され、刑事ドラママニアたちは歓喜したが、第13話「悩殺！　盗まれた女の日記」のみ放送されなかった。理由は、その回のメインゲストであった清水健太郎が、前年の2010年に覚せい剤取締法違反で5度目の逮捕をされ、服役中だったことが原因と思われる。

このような例でいえば、同じく薬物事件を起こした酒井法子主演のドラマ『星の金貨』（1995年・日本テレビ系）もあるが、のりピーが芸能活動を再開している今、封印が解かれる日も近いかもしれない。

命を扱う医療ドラマは正しい知識が要求される

最後に、放送禁止となる原因として、医療知識の誤解に関するものを挙げておこう。医療研究は日進月歩であるうえ、人の生命をつかさどるジャンルだ。それだけに、あとから観ると、シャレにならない作品が多いのである。

まずは『加山雄三のブラック・ジャック』（1981年・テレビ朝日系）。手塚治虫の名作を実写化し、加山雄三が主演を務めた。

主人公・坂東次郎（加山）は、銀座で画廊を経営する青年実業家だが、その裏の顔は、法外な治療費を請求する無免許の天才外科医・ブラック・ジャックだった……という、原作とは異なる設定。坂東のときは爽やかな〝若大将〟キャラだが、ひとたびブラック・ジャックになれば、ドラキュラのような黒マントに身を包んだ怪奇キャラに変身。さらに雑な特殊メイクで無理やり原作の髪型、つぎはぎの顔になるのだ。今ならば漫画のファンが〝原作レイプ〟と騒ぎそうなレベルである。

このドラマが2002年にCSで再放送された際、番組の公式サイトで「地上波オリジナル版は全13話ですが、血友病を扱った第8話は内容を考慮して放送から外します」という一文が公開されていた。これはドラマ放送後の1981年3月18日に行われた大阪・京都・兵庫の血友病患者3団体による抗議が原因だった。同年3月19日の『読売新聞』によれば、タイトルの「血がとまらない」という血友病の表現をはじめ、事実に反する箇所が8カ所あり、「一般の人は偏見を抱き、患者は進学や就職の問題で無用な差別を受ける恐れがある」という主旨のものであった。作品は2009年にDVD化されたが、第8話は未収録。曖昧な医療知識のまま制作をしたツケが回ってきたということだろう。

同じく医療関係の放送禁止ものでは、室井滋主演『心療内科医 涼子』（1997年・日本テレビ系）が挙げられる。室井扮するイケイケキャラの心療内科医・望月涼子が、各種メンヘラを演じるゲスト女優たちと毎週対決するという、危険な香りが漂う医療ドラマだ。

篠原涼子が虚言癖、榎本加奈子はDV加害者、斎藤由貴は買い物依存症、菊池麻衣子は醜形恐怖症、松嶋菜々子は境界性人格障害、麻生祐未は過食症……文字に起こしただけでも強烈なラインナップだが、この時代の地上波ドラマは、演技も誇張され、強烈で過剰なものが多かった。

そんなドラマ的な過剰演技で病気を表現し続けたことに、すぐさま医学界が反応し、「病気の描写があまりにもセンセーショナル」などの理由で、『サンデー毎日』『読売新聞』などの大手メディア上で即刻放送中止を求める抗議を行ったのだった。番組終了後にビデオが発売されたが、いまだDVD化はされないままである。

以上のように、放送禁止ドラマには、様々な理由が存在する。しかし、CSやケーブルテレビが普及して多チャンネル化時代になった現在、ドラマコンテンツは重宝されている。需要に合わせて封印が解禁されたという例も少なくはない。

我々ファンとしては、そういった時代の変遷を見守りながら、その日が来るのを待ち続けるしかないのである。

『Gメン'75』終了の半年後には続編の『Gメン'82』が放送された

超人気作を盗作し再放送禁止。ソフト化もされていない

豪華キャストも視聴率は低迷。CSでの再放送はあったがソフト化はいまだなし

医者と病気の描写に対し、心療内科医と学会から抗議が殺到した

『ブラック・ジャック』の初ドラマ化作品。原作を改変しすぎて失敗

第2章 アニメ「タブー」の真相

最終回前に制作会社社長が失踪！葬られた日テレ版『ドラえもん』

取材・文●金崎将敬

わずか1年で放送終了した『ドラえもん』の元祖アニメ版

藤子・F・不二雄の代表作『ドラえもん』。テレビ朝日で第1回のアニメ版が放送されたのは1979年4月。当初は月〜土曜日に放送される10分間の帯番組として始まり、実に40年以上も続く、国民的長寿アニメとなった。

しかし、テレビ朝日のアニメ版が放送される6年前の1973年に、日本テレビでもアニメ『ドラえもん』を放送していたことを知る人は少ない。

YouTubeなどの動画投稿サイトで、日テレ版のオープニングを見ることができるのだが、主題歌の趣はまったく異なる。ムード歌謡風のBGMにこぶしのきいた女性ボーカル。最後に「ハアー！　ヤッショマカショ！」と掛け声が入り、「♪ホイきたサッサのドラえもん」でしめる部分はまるで演歌だ。

もちろん声優も違う。長らく続いた大山のぶ代の声の印象が強いドラえもんだが、日テレ版は、『平成天才バカボン』のバカボンのパパ役の富田耕生。なんと男性が演じていたのだ。

他のキャラクターの配役をみると、テレ朝版の声優が、こちらでは違う役柄で出演しているのも面白い。

テレ朝版でのび太を演じた小原乃梨子は、日テレ版ではのび太のママ。スネ夫役の肝《きも》付《つき》兼《かね》太《た》は、なんとジャイアン。のび太役の太田淑子は、ドラえもんを過去に送ったセワシ。まるで、パラレルワールドのようだ。

また、原作では、作者が「いなかったことにしている」幻のキャラクター〝ガチャ子〟がレギュラーになっていたり、ジャイアンの母親がすでに亡くなっていたりと、オリジナルの設定が多い。

日テレ版が放送された１９７３年は、『ドラえもん』の漫画連載が小学館の学年誌でスタートして３年目。知名度はまだ低かったが、期待はされていたようで、放送時間は裏番組に永井豪の『マジンガーＺ』（フジテレビ系）があった日曜の夜７時だった。

しかし、その牙城を崩すことはできず、視聴率は５

製作
日本テレビ動画
のび太 まけるな たすけにゆくぞ

日テレ版の『ドラえもん』。イラストの雰囲気は現在のテレ朝版とはかなり異なる

～10％と苦戦した。

そこで、途中からドラえもんの声優を、『ドラゴンボール』の孫悟空役でお馴染みの野沢雅子に変更。作者が「いなかったことにしている」幻のキャラクター・ガチャ子がドラえもんのライバルとしてレギュラー登場するなどのテコ入れが加えられたが、視聴率が好転することはなく、1973年9月に終了した。

制作会社社長が失踪。大混乱のまま迎えた最終回

たった半年で終了する残念な結果に終わった日テレ版だが、その壮絶な舞台裏が関係者の証言で明らかになっている。

そもそも、アニメ化のきっかけは、日本テレビが新潟のアニメ制作会社「日本テレビ動画」に仕事を振る企画をつくるため、小学館にアニメ化できる原作の推薦を依頼したことだったという。

だが、この日本テレビ動画は非常にきなくさい会社だった。社長の新倉雅美が、前身の「東京テレビ動画」時代に社運をかけたアニメ映画制作で大失敗

ドラえもんを演じたのはバカボンパパの声で知られる富田耕生

し、多額の負債を抱えたまま新潟に拠点を移し、あらたに立ち上げた企業であった。

だが、そんなことはつゆほども知らない当時の藤子・F・不二雄は、『オバケのQ太郎』以来、長らくヒットを生み出すことができず、アニメ化の話をチャンスとみていた。多くの制作用の資料を提供するなど、労力を惜しまなかったという。

しかし、アニメの視聴率は伸び悩み、終了直前の8月中旬に社長の新倉雅美が失踪してしまう。この噂が広まって現場は大混乱。残された日本テレビ動画の関係者は、「入金の保証がないと納品できない」という下請けと、「絶対に放送に穴を空けないでくれ」というテレビ局との板挟みのなか、なんとか最終回までこぎつけたという。

多くの未払い金を残したまま、最終回放送日と同日の9月30日に日本テレビ動画は解散した。

その後、1979年4月にテレ朝版が始まり、大人気となったのは周知のとおりだが、放送開始後すぐに騒動が起きている。

富山テレビが日テレ版『ドラえもん』を再放送し、これを知った藤子・F・不二雄が激怒。小学館と連

慣れ親しんだスネ夫の声が日テレ版ではジャイアンに！

名で抗議して、わずか9回で放送をやめさせたのだ。

制作会社がなくなったあとも、日テレ版は、地方局で何度か再放送されていたが、富山テレビの放送は時期が悪かった。テレ朝版が開始して間もない頃で、なんとしてもテレ朝版を成功させたかった藤子・F・不二雄は、声優や世界観が異なるうえ、現場が大混乱に陥った日テレ版を世間の日に触れさせたくなかったのだろう。

以後、日テレ版の再放送はなく、ソフト化される可能性もない封印作品となったのだ。

ちなみに、失踪した元日本テレビ動画社長の新倉のその後だが、フィリピンに渡って映画制作事業を起こそうとしたがうまくいかず、1986年、拳銃密輸に関わって逮捕された。

日テレ版『ドラえもん』の最終回。この日に「日本テレビ動画」も解散した

DATA● 『ドラえもん』日本テレビ放送版／放送期間：1973年4月1日～9月30日（全52話26回）。放送：日本テレビ系。制作：日本テレビ動画。声の出演：ドラえもん＝富田耕生（1～13回）、野沢雅子（14回～26回）、野比のび太＝太田淑子、源静香＝恵比寿まさ子、剛田武（ジャイアン）＝肝付兼太、骨川スネ夫＝八代駿ほか

差別用語で欠番となった『妖怪人間ベム』の〝せむし男〟

取材・文●金崎将敬

メディアが率先して蔑称を死語にした時代

『妖怪人間ベム』は人工生命体であるベム、ベラ、ベロの３人が、人間にバケモノ扱いされながら、その人間を守ることで彼らも人間になれると信じ、闇に紛れて悪人や妖怪を退治していく作品だ。「早く人間になりたい！」とシャウトする主題歌も強烈だった。

何度も再放送を繰り返したため、幅広い世代に人気を博した作品ゆえ、ソフトも充実していた。まず１９８９年にパック・イン・ビデオから全話収録のＶＨＳビデオが発売された。だが、１９９２年にＭＥＲＩＤＡから発売されたレーザーディスクＢＯＸでは、不適切なセリフが無音加工され、第４話のサブタイトル「せむし男の人魂」（１９６８年10月28日放送）から「せむし男」が外され、「人魂」に改題された。さらに１９９６年にマクザムから発売されたＶＨＳビデオでは、ついに第４話そのものが未収録となった。

だが古い作品のオリジナル性を重視する風潮に風向きが変わってきた2010年、ビクターエンタテインメントから発売されたDVD-BOX、さらに2012年に発売されたブルーレイBOXで、ようやく「せむし男の人魂」がタイトルもそのままに収録され、ついに『妖怪人間ベム』は完全な形での鑑賞が可能になったのだ。

ついでだが、『妖怪人間ベム』にはキャラクターの描写に問題が多々あった。3人の「3本指」という設定が、身障者に対する配慮からリメイクする都度に変更が生じているのだ。2006年の新作アニメは、〝人間体〟時の3本指が5本指に増えた。また、亀梨和也（ベム）、

DVD-BOX『妖怪人間ベム オリジナル版』(2010年)より

杏（ベラ）、鈴木福（ベロ）が演じた2011年の実写ドラマ版では、ついに妖怪人間に変身したときの指まで5本になった。こうして名キャラクターの強烈な個性は、時代とともに薄れていくのだ。

DATA●『妖怪人間ベム』／放送期間：1968年10月7日〜1969年3月31日（全26話）。放送：フジテレビ系。制作：第一動画。声の出演：ベム＝小林清志、ベラ＝森ひろ子、ベロ＝清水マリほか

3本指も時代の流れによって5本指に。DVD-BOX『妖怪人間ベム オリジナル版』（2010年）より

黒人差別への糾弾回避で『ジャングル黒べえ』自主封印

取材・文●金崎将敬

宮崎駿原案、藤子・F演出の名作が突然の絶版!

『ジャングル黒べえ』は、アフリカのジャングルからやってきたピリミー族の王様の息子・黒べえが、ほどこしを受けた少年に恩返しするために少年の家に居候《いそうろう》し、そこで巻き起こる騒動を描いたギャグ作品。黒べえは肌が黒く、毛皮のような頭飾りで布を体に巻き、ヤリを持つ出で立ち。「ベッカンコ!」の掛け声で、不思議な魔法を繰り出す。

アニメ版『ジャングル黒べえ』は数多くの藤子不二雄作品を手掛ける「東京ムービー」が制作し、1973年3月からNET(現・テレビ朝日)系で放送された。アニメの放送に合わせて小学館の学年誌で藤子不二雄による漫画連載が始まり、藤子作品としては珍しいアニメ企画先行型であった。

キャラクターの原案は、あの宮崎駿であったという。東京ムービーがこの企画を共同制作の毎日放送に持ち込んだが、当時無名だった宮崎を立てることに難色を示したため、急遽、藤子不二雄に依頼。そして、宮崎の原案を藤子・F・不二雄が大幅にアレンジして『ジャングル黒べえ』が生まれた。

藤子不二雄というビッグネームを冠して放送された『ジャングル黒べえ』だが、裏番組は『ウルトラマンA』、次に『ウルトラマンタロウ』という強力な円谷作品で視聴率獲得に苦戦し、半年で放送は終了してしまった。

しかし、80年代に入っても何度か再放送されたため、30代半ば以上の世代は記憶に残っている人も少なくないだろう。

だが、『ジャングル黒べえ』は突如として、封印作品となってしまった。漫画単行本は１９８９年に回収されて絶版。それ以降、アニメの再放送やソフト化もなし。記憶にのみ残る幻の作品となってしまった。

単行本の回収は、『オバケのQ太郎』の「国際オバケ連合」収録巻と同時期。このため、ファンの間では、

「ウラウラ」「ベッカンコ〜」などの黒べえ語は子供たちの間で大流行

「国際オバケ連合」と同様に、「黒人差別をなくす会」の抗議を受けて封印されたという認識が広まった。

だが、『ジャングル黒べえ』が「黒人差別をなくす会」から抗議を受けたという記録はなかったのだ。

「黒人差別をなくす会」を恐れて自主規制か？

元々、日本で黒人表現が問題視されたのは1988年7月の米国『ワシントン・ポスト』紙の記事がきっかけだ。「黒人の古いステレオ・タイプが日本で息を吹き返す」と題して、日本国内に黒人差別的な表現が横行していると報じ、米国の日本大使館に抗議が殺到。これを受けて、サンリオのキャラクター『サンボ・アンド・ハナ』の関連商品の他、黒人のマネキンなどが回収された。

当時は日米の貿易摩擦で米国民の対日感情が悪化していたため、国際問題に発展する可能性を危惧した企業側が早急な対処を決めたという。

「黒人差別をなくす会」は1988年8月、『ワシントン・ポスト』の記事が出た翌月に発足。この騒動を新聞で知った大阪府堺市の職員、A氏が妻と息子の3人で結成し、各企業に抗議文を送る活動を始めた。同年12月、岩波書店が、抗議を受けた日に『ちびくろ・さんぼ』の絶版を決定。以後、多数の出版物、黒人キャラを描いたお菓子や玩具などが回収となり、タカラやカルピスの企業マークも使用中止となった。

「黒人差別をなくす会」からの抗議を受けて、回収、修正を余儀なくされた作品は多い。

黒い肌に厚い唇、腰みのを巻いた姿は、ステレオタイプの差別表現だとして、『Dr.スランプ』（作：鳥山明）、『こちら葛飾区亀有公園前派出所』（作：秋本治）など、名だたる漫画作品が黒人表現を修正した。

ここまで絶大な効果をあげた理由としては、「黒人差別をなくす会」のA氏が、被差別部落史の学習施設に勤務していたことも大きい。

70〜80年代は、部落解放同盟による差別表現への抗議活動が盛んで、壇上にあげられ、数百人から詰問される糾弾集会はすさまじく、出版関係者のトラウマとなっていた。

A氏に部落解放同盟の後ろ盾があると錯覚した出版社は少なくなく、『ジャングル黒べえ』は自主的に封印された可能性が高い。

果たして、『ジャングル黒べえ』は黒人差別作品なのか？

黒べえはただ破天荒なようで、常に正直で、弱者を虐げる不平等を嫌う。彼が語る〝ジャングルの掟〟には、現代人に疑問を投げかける普遍的なメッセージが込められていた。それが、ろくな検証や議論もなく、日本人的なことなかれ主義で封印されてしまったとすれば、これ以上の皮肉はない。

さて、実は長らく絶版が続いた単行本だが、２０１０年５月、『藤子・Ｆ・不二雄大全集』の一冊として復刊した。また、２０１５年12月には東映ビデオよりアニメ版のＤＶＤが発売され、約25年を経て、封印が解かれたのだった。

DATA●『ジャングル黒べえ』／放送期間：1973年3月2日～9月28日（全31回62話）。放送：NET（現・テレビ朝日）系。制作：東京ムービー、毎日放送。声の出演：黒べえ＝肝付兼太、佐良利しし男＝杉山佳寿子ほか

2015年に初のDVD-BOXが発売。「封印」を解かれ現代に蘇った

〝差別用語狩り〟で改名続出『ゲゲゲの鬼太郎』㊎妖怪

取材・文●山口敏太郎

四国の方言を差別用語と取り違えた

妖怪漫画の大家・水木しげるが2015年11月に亡くなった。日本中の妖怪マニアが涙を流し、翌年行われたお別れの会にも大勢の関係者やファンが出席した。かくいう筆者も末席に座らせていただいたが、他にも作家の京極夏彦氏や博物学者で作家の荒俣宏氏など、そうそうたるメンバーが出席していた。

水木しげるの膨大な仕事のなかには、残念ながら放送禁止となった作品も存在する。有名なのは「妖怪あしまがり事件」であろう。

「妖怪あしまがり」は、アニメ版『ゲゲゲの鬼太郎』第2シリーズ（1971年放送開始）の第5話に登場する狸《たぬき》の妖怪で、劇中では鬼太郎を相手になかなかの善戦を見せる。だが、1985年開始の第3シリーズ、第45話に登場したときは「妖怪あしまがり」という名前ではなく、ただの「狸妖怪」となっているのだ。劇中で鬼太郎が「妖怪あしまがり」に対して「こい狸妖怪！」と叫ぶシーンには、違和感がある。なぜ、妖怪の名前を変更する必要があったのか？

知己のアニメ関係者によると、「妖怪あしまがり」という名前が足の不自由な人に対して差別に当たるという意見が出てしまい、それが改名の原因となったようだ。結果、第2シリーズ、第5話の地上波再放送は全国的に欠番扱いになった。

四国の方言で〝あしまがり〟とは〝歩きづらい〟〝交通が邪魔される〟という意味であり、障がい者を指した言葉ではない。単なる方言の意味を取り違えた、まことにお粗末な放送禁止事例だ。

他にも講談社から発売された『水木しげるの妖怪図鑑』において、もともと「片輪車（かたわぐるま）」として知られる妖怪の名前が「片車輪（かたしゃりん）」に変更されている。これは担当編集者が「片輪」という語が障がい者を示す差別用語であることから配慮し、強引に改名した結果とされている。無論、妖怪の名称にそのような悪意は含まれていない。

また名前がワイセツだという理由で妖怪「チンポ」は、アニメ第5シリーズで名前を「ポ」に変えられている。まことに奇妙な自主規制だが、天国の水木しげるは苦笑しているのかもしれない。

DATA● 『ゲゲゲの鬼太郎』第2シリーズ／放送期間：1971年10月7日〜1972年9月28日（全45話）。放送：フジテレビ系。制作：東映動画。声の出演：鬼太郎＝野沢雅子、目玉おやじ＝田の中勇、ねずみ男＝大塚周夫ほか

1958年のデビューから死去するまで、水木しげるは妖怪漫画を描き続けた

「片輪車」は燃える片輪だけの牛車に美女か男を乗せていて、見た者を祟るという妖怪

呪われた『エイトマン』殺された「愛人」の壮絶日記

取材・文●光益公映

再放送禁止、連載打ち切り。祟られた『エイトマン』

1963年から漫画の連載、そしてテレビアニメが放送された『エイトマン』。漫画では『8マン』（原作：平井和正、作画：桑田次郎）と表記されるが、6チャンネルのTBSがフジテレビの8を嫌ったためにアニメ版は『エイトマン』とされた。

漫画やテレビ番組が、出版・放送禁止となる理由は様々だが、『8マン』の場合、『週刊少年マガジン』に連載中の1965年に作画の桑田次郎が拳銃の不法所持で逮捕されたことで連載を打ち切られた。打ち切りにより最終回となった「魔人コズマ篇」は桑田のアシスタントが代筆。そのため、このエピソードは単行本にも収録されず幻のエピソードとなっている。

この事件だけであったなら、アニメ版の再放送は可能だっただろうが、さらなる悲劇が起こってしまった。

連載打ち切りの11年後の1976年、『エイトマン』の主題歌を歌っていた歌手の克美しげるが、元ホステスの女性を殺害する事件が起こったのだ。これによりアニメ版の再放送は封印となった。

女をカネづるにして絞殺した主題歌歌手・克美しげる

事件の経緯はこうだ。60年代には、2年連続で紅白歌合戦に出場するほどの人気歌手だった克美しげる。しかし、70年代になると人気は衰退し、経済的にも逼迫《ひっぱく》していた。その頃知り合ったのが銀座の高級クラブのホステスであったAさんだった。克美は当時既婚者だったが、Aさんが貢いでくれるのをいいことに結婚を約束。Aさんはその言葉を信じて、当時の金額で30万円、現在でいえば100万円ほどを毎月貢いだ。

しかし、克美の放蕩とギャンブル漬けはひどくなる一方で、Aさんはホステスの稼ぎだけでは克美を支え切れなくなり、トルコ風呂（ソープランド）で働くことを余儀なくされた。Aさん殺害事件の発覚後、トルコ風呂で働く苦悩に満ちた日々を綴った彼女の日記が見つかり、一部の雑誌に掲載された。そこに書かれた克美を信じて尽くす有様は、涙なしには読み進められないものだ。

その日記によれば、彼女は少しでも多くカネを稼ぐために休みも減らして、トルコ風呂で日に5人ほどの客を取っていた。当然のことながら、体への負担は重くなる。

なかでも彼女が苦しんだのが泡踊り（マットプレー）。現在は海藻由来のヌルヌルしたローションで行うが、当時は洗面器に石鹸で大量の泡をつくり、マットに寝た客の体の上に乗り、自分の体を押しつけて〝踊りサービス〟をした。そのとき当然乳首を相手にこすりつけるのだが、客の数が多いのと石鹸の使いすぎで、彼女の乳首はこすれてただれてしまったという。

すでに同棲を始めていた克美は彼女のそんな痛々しい姿をそばで見ながらも、仕事を続けさせたのだ。とうとうAさんの乳首はよじれて、ちぎれかかるまでになってしまい、痛みで夜も眠れない状態になった。それでもAさんは克美との結婚生活を夢見て頑張り続けたが、ついに克己の嘘が明るみに出る。

既婚者であることをAさんに知られた克美は彼女を非情にも絞殺。Aさんの純粋な気持ちとは裏腹に、克美にとって彼女はいいカネづるでしかなかったのだ。

克美しげるは逮捕され懲役10年の刑を言い渡されたが、7年目に模範囚であったことを理由に出所している。

現在も克美の歌う哀愁を帯びた『エイトマン』の主題歌はアニソンの中でも屈指の名曲と評価されている。2002年にはCS限定ではあるが、再放送され、長い年月を経てついにまた人々の元へ克美の歌声が届くことになった（TBSオンデマンド、アマゾン・プライム・ビデオ、YouTubeで視聴可能。DVDが1999年から発売）。

　その11年後の2013年、克美しげるは群馬県内で脳出血によりその罪深い生涯を閉じた。

DATA●『エイトマン』／放送期間：1963年11月8日〜1964年12月31日（全56話）。放送：TBS系。制作：TBS。声の出演：エイトマン（東八郎）＝高山栄、関サチ子＝上田みゆき、谷方位＝原孝之ほか

講談社「少年コミックス」版の『8マン』。桑田次郎によるアメコミ風のタッチの作画は評判だった

1950年代のロカビリーブームに乗って一世を風靡した克美しげる。人気が低迷してからは借金がかさみ、愛人に貢がせたカネは総額3500万円にも達したという

『キャプテンフューチャー』NHK渾身のアニメがついに解禁！

取材・文●金崎将敬

『未来少年コナン』に続くNHK発アニメ作品第2弾

日本初の連続テレビアニメが放送されたのは1963年、フジテレビの『鉄腕アトム』。この人気を受けて、各局は多くのアニメを放送してきたが、NHKは公共放送であるためか、長らくアニメを放送することはなかった。

NHKによる初の連続テレビアニメは宮崎駿が初監督を務めた『未来少年コナン』（1978年）だ。本放送の視聴率はふるわなかったが、文明批判を含んだ、のちの宮崎アニメの原点ともいえるストーリーは、高い評価を得た。

この流れを受けて、NHK発のアニメ作品第2弾として満を持して制作されたのが、『キャプテンフューチャー』だ。

原作は、1940～50年代に米国で発表されたスペースオペラ小説。作者のエドモンド・ハミルトンはSF黎明期に多くの作品を発表し、のちのSFの世界観に大きな影響を与えた作家だ。

科学者にして冒険家であるカーティス・ニュートン（キャプテンフューチャー）が宇宙船コメット号に乗り、3人の仲間（科学者のサイモン、ロボットのグラッグ、アンドロイドのオットー）とともに、悪に立ち向かうストーリー。

NHKは当時、大ブームを巻き起こしていた『スター・ウォーズ』風のアニメを想定していたのだろう。コメット号は、スター・ウォーズのXウイングや、『2001年宇宙の旅』のディスカバリー号の特徴を合わせ持ったようなデザインにアレンジされている。

主人公・キャプテンフューチャーの声優は、広川太一郎。重厚な安定感を持つ、正統派アニメとして高い完成度だったが、以後、再放送はほとんどなく、ソフト化もされなかった。

制作陣にもそうそうたるメンバーが名を連らね、
NHKの気合が感じられる

『未来少年コナン』は民放各局で再放送され、ＤＶＤ化もされたのに、なぜなのか？複雑な権利問題、あるいは、原盤の紛失など、様々な憶測が流れたが、欧米やアジア、南米など、世界各国で放送されているため、国内での需要がなかったというのが真相なのかもしれない。

長い封印状態が続いたが、２００１年3月、ＮＨＫ-ＢＳ2でようやく再放送され、２０１６年9月にはブルーレイＢＯＸが発売された。

DATA●『キャプテンフューチャー』／放送期間：１９７８年11月7日〜１９７９年12月18日（全53話）。放送：ＮＨＫ総合。制作：東映動画、ＮＨＫ。声の出演：キャプテンフューチャー＝広川太一郎、ジョーン・ランドール＝増山江威子、グラッグ＝緒方賢一ほか

未完となった『ルパン8世』は22世紀の宇宙が舞台だった！

取材・文●金崎将敬

『ルパン三世』の子孫を描いた日仏合作のスピンオフ作品

１９８３年、国民的アニメ『ルパン三世』の子孫を描いたスピンオフ作品『ルパン8世』が企画され、日本とフランスの合作により全8話の制作がスタートした。時代設定は、なんと22世紀の宇宙！　ルパンの家系は代々泥棒稼業を継いでいたのだが、ルパン8世は探偵ホームズ8世に捕まり廃業。表向きは私立探偵の看板を掲げながら、裏で泥棒を続けているという設定だ。

レギュラーキャラも健在で、ルパンと同じく全員が子孫。当時のアニメ雑誌で、宇宙服に身を包む衝撃の設定画が公開されている。

次元大介は、黒ずくめの宇宙服に身を包み、黒いレーザーガンで早撃ち。石川五ェ門は、鎧カブト仕様の宇宙服を着て、ライトセーバーもどきのレーザー刀で居合い斬り。彼らルパンファミリーは、人工衛星「ルパン星」で仲良く暮らしているという。

また、峰不二子は、普段はファッションモデルだが、裏では凄腕の女盗賊。そして永遠のライバル・銭形警部は、宇宙連邦警察に属し、あいかわらずヨレヨレのトレンチコートを着て、ロボット警官を率いて出動する。次元と銭形は、宇宙ヘルメットの上に、例の帽子をきちんと載っけているところが旧作ファンにはうれしい。

だが、制作途中でフランス側のスタッフが、原作とかけ離れたイメージの画風に変更してしまうなど、両国のスタッフが大揉め。結局、全8話のうち、作品としては6話あるいは8話すべてが制作されたといわれているが、いずれにせよ、テレビでは1話も放送されることはなかった。

その貴重な映像だが、2012年、アニメ化40周年を記念して発売された『ルパン三世 Master File』に、効果音のみが入った映像の一部が収録されている。

雑誌に載った『ルパン8世』の予告。たしかに宇宙服を着ている！

宇宙を進むルパンの顔が描かれた宇宙船。近未来風の街並みが描かれ、ルパンの事務所に依頼人の少女がやってくる。主要キャラクターは設定画のような宇宙服ではなく、お馴染みの服装だ。

ルパン独特のスタイリッシュさは残しており、挿入されるフランス風のアコーディオンのメロディが優雅な雰囲気をかもし出している。

DATA●『ルパン8世』／収録：『ルパン三世 Master File』（全5話）。発売：バップ。制作：トムス・エンタテインメント

原発や捕鯨問題でたびたび炎上 業界を敵に回す『美味しんぼ』

取材・文●金崎将敬

スポンサーありきのテレビには向かない作品

1983年に『ビッグコミックスピリッツ』で漫画連載が始まり、日本にグルメブームを巻き起こした『美味しんぼ』。食品の工業的大量生産が可能になり、見落とされがちになっていた食べ物の本当の「味」をテーマにすることに着目。日本人の食に対する認識を変えたといっても過言ではない。

主人公の山岡士郎と、北大路魯山人がモデルとされる海原雄山との、「究極vs至高」親子対決を本筋として、食品添加物や遺伝子組み換え食品、反捕鯨団体への批判など、原作の雁屋哲による問題提起がふんだんに盛り込まれた作品だ。

アニメ版は1998年から3年半、日本テレビ系で放送された。しかしスポンサーありきのテレビには決して向かない作品である。ゆえに再放送時に欠番となったエピソードも多い。

たとえば第15話「日本風カレー」。肉を使わずにカレーをつくろうとするカレーショップを山岡が救う内容。山岡が提案したのは、牛の骨髄を使ったカレーであった。再放送が見送られたのは、当時、狂牛病が社会問題化していた影響だろう。

同様に、食肉に関する表現で欠番となったのが、山岡が「黒豚には偽物が多く、エサには成長促進剤や抗生物質を入れる業者が多い」と発言した第20話「食卓の広がり」。そして、栗田がブロイラーを「あんなの食べ物じゃない」と痛烈に批判した第25話「舌の記憶」だ。

第27・28話「激闘鯨合戦」では、捕鯨問題を扱っており、米国が商業捕鯨に反対しながら、アラスカでは捕鯨が行われていることを批判する内容。第27回ギャラクシー賞の選奨を受賞した名作だが、なぜか欠番となっている。

そして、第123話「究極vs至高 対決!! スパゲッティ」は、放射能汚染問題を扱っている。作中には、「ヨーロッパの農作物がチェルノブイリ原発事故ですべて汚染されている」という表現があり、欠番となった。

真偽は別として、もともと、雁屋は放射能汚染に過剰に問題意識を持っていたことがわかる。現状となっては、この123話が最も再放送の難しいエピソードといえるだろう。

ひどい疲労感におそわれ、原因不明の鼻血が出る山岡

原作漫画の『美味しんぼ』が起こした2014年4月の炎上騒動は、雁屋の問題意識が勇み足となったものだった。批判を受けたのは、『ビッグコミックスピリッツ』2014年5月12、19日合併号に掲載された第604話「福島の真実 その22」だ。

福島第一原発を取材した山岡はひどい疲労感におそわれ、原因不明の鼻血が出る。のちに、同行者にも同じ症状があることがわかり、前双葉町長の井戸川克隆氏が登場し、「福島では同じ症状の人が大勢いますよ。言わないだけです」と告げられる。

これが「科学的根拠のない風評被害」に当たるとして、小学館に抗議が殺到。双葉町も抗議文を提出し、当時の環境大臣・石原伸晃が、鼻血と原発事故の因果関係を否定する事態となった。

これを受けて、『ビッグコミックスピリッツ』編集部は『美味しんぼ』の一時休載を発表。同年6月2日号で「福島の真実編」は終了したが、同シリーズはもともと、この号で終了する予定だったという。結局、騒動を受けて休載という体は取っているものの、雁屋が非を認めたわけではない形で収束していることに驚かされる。

それもそうだろう。作中では、多くの市販食品を添加物だらけの粗悪品と切り捨て、大手企業を敵に回しても、ものともしない姿勢なのだ。作品内容に抗議声明を出した業界団体は少なくないが、そのほとんどに雁屋は屈していない。食を扱う人気連載を

長年続けてきた胆力は伊達《だて》ではないのだ。

珍しく雁屋が否を認めて、単行本未収録となったエピソードがある。『ビッグコミックスピリッツ』2000年10月2日発行の42号に掲載された第469話「はじめての卵」だ。

山岡夫妻が、赤ん坊の離乳食として、ハチミツで味付けしたパン粥と、半熟卵の黄身を与えるシーンがある。しかし、ハチミツと半熟卵は、当時の厚生省が赤ん坊に与えてはいけないと勧告している食品だった。

ハチミツはボツリヌス菌の芽胞《がぼう》が含まれていることがあり、抵抗力のない赤ん坊には不適。また、半熟卵は、アレルギーの原因となる他、サルモネラ菌による食中毒の危険があるという。

翌々週の号には、編集部と雁屋の謝罪文が掲載された。文中で雁屋は、ハチミツと半熟卵は、20年前、自身の子供に与えた離乳食であったと語っている。当時は、まだこれらに対する厚生省の勧告がなかったため、認識していなかったというわけだ。

自身の思想・信条と離れたところでは、素直に謝罪する姿勢を雁屋は持っているようだ。

DATA●『美味しんぼ』／放送期間：1988年10月17日～1992年3月17日（全136話）。放送：日本テレビ系。制作：シンエイ動画。声の出演：山岡士郎＝井上和彦、栗田ゆう子＝荘真由美、海原雄山＝大塚周夫ほか

『ポケモン』消された第38話と震災で封印された幻の4話分

取材・文●金先将敬

病院搬送700人のエピソードは「なかったこと」にされた

1997年の暮れ、アニメ『ポケットモンスター』（テレビ東京系）を観ていた全国の子供たちが、失神・痙攣・ひきつけ・吐き気などの症状で次々と倒れ、700人以上（9割は小中学生）が病院に搬送。約200人が入院する大騒動となった。

青と赤の光が交互に点滅する刺激（フリッカー効果）が原因で、番組は4カ月の放送休止。件の第38話「でんのうせんしポリゴン」は再放送・ソフト化が不可となり、当時の第39話が第38話に繰り上げられ、「なかったこと」にされている。この「ポケモン・ショック」と呼ばれたアニメ史上最悪の事件がきっかけとなり、刺激の強い映像に対するガイドラインがNHKと日本民間放送連盟によって作成された。

ちなみに『ポケモン』シリーズには、他にも欠番が存在する。続編の『ポケットモンスター　アドバンスジェネレーション』で、2004年11月4日に放送が予定されていた第101話「ゆれる島の戦い！　ドジョッチvsナマズン!!」が、10月23日に発生した新潟県中越地震を考慮して放送中止。次回エピソードを繰り上げて放送し、「でんのうせんしポリゴン」同様、そのまま封印された。以降、劇中で地震を連想させる攻撃や技は使用禁止となった。

またシリーズ4作目『ポケットモンスター　ベストウイッシュ』でも、2011年3月に放送予定だった第23・24話『ロケット団vsプラズマ団！』前後編が東日本大震災の影響で欠番となっている。当初は放送延期と説明されたが、結局、放送されることなくソフトにも未収録となった。予告編では、謎の隕石の熱波が街を飲み込む描写があるため、おそらく、福島第一原発事故を想起させるとして封印されたのだろう。

ポケモン・ショックから約20年。『ポケモンGO』の大ヒットでその絶大な人気は証明されたが、封印された4話が解禁される日は来るのだろうか。

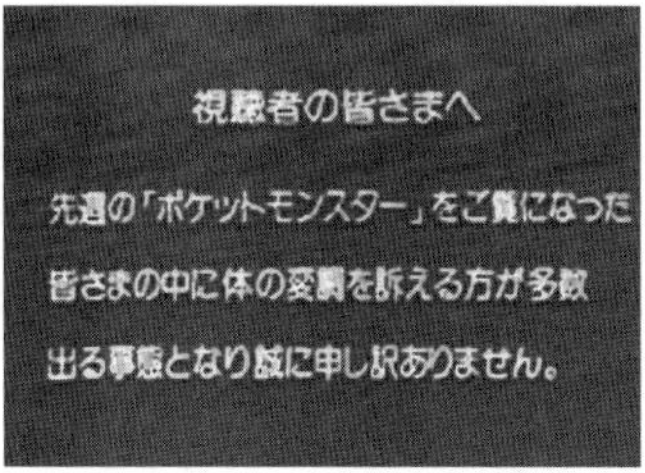

フリッカー効果により多数の被害者を出したポケモンは次週に謝罪文を放送。4カ月の間、放送休止となった

DATA●『ポケットモンスター』／放送期間：1997年4月1日～。放送：テレビ東京系。制作：テレビ東京ほか。声の出演：サトシ＝松本梨香、ピカチュウ＝大谷育江、カスミ＝飯塚雅弓、タケシ＝うえだゆうじほか

『妖怪ウォッチ』第39話の改変は「ピンク・レディー」のせい？

取材・文●穂積昭雪

放送休止、DVD未収録。幻になった「第39話」の謎

２０１３年より子供を中心に大ブームになっている『妖怪ウォッチ』。「ジバニャン」「コマさん」といった可愛らしくユニークな創作妖怪や「河童」「ろくろ首」などのお馴染みの妖怪たちが活躍する作品だが、この『妖怪ウォッチ』には放送後に問題となり、一部の演出が差し替えられた回が存在する。

２０１４年10月10日に放送された「第39話」はテレビ東京および翌日配信のニコニコ動画ではなんの問題もなく放送・配信がされたが、再放送を行っているCS局アニメシアターXは、10月22日付で公式サイトにて「緊急：10／23（木）、10／25（土）『妖怪ウォッチ』第39話 放送休止のお知らせとお詫び」と題する文面を掲載。テレビ東京側の判断により休止の決定がなされたこと、テレビ東京の社長直々のコメントとして「我々の都合で、今、（放送は）控えた方がいいと判断した」との説明がなされた。

『妖怪ウォッチ』は時事ネタが非常に多いアニメとして有名。当時話題になっていた滝沢クリステルの「おもてなし」のパロディや、実在の人物を模写したキャラクター、続編の制作が決定した『スター・ウォーズ』を意識した映画を登場させるなど、やりたい放題。こういったパロディネタは数え切れないほど存在するため、視聴者側も何が問題だったのか見当がつかない状態だった。

しかし、後日あらためてニコニコ動画で配信された第39話を観てすべての謎は解明された。劇中に登場する「妖怪Ｕ・Ｓ・Ｏ・」がビームを発射するシーンで、ピンク・レディーの「ＵＦＯ」によく似せた音楽と振り付けのシーンが差し替えられていたのだ。この差し替え版では音楽はまったく別のオリジナル音楽となり、お馴染みの「腕をぐるぐる回す」振り付けも一部変わってしまったことから、ＪＡＳＲＡＣから厳重注意がなされたものと思われる。

現在、テレビ東京放送版の第39話はＤＶＤには収録されず幻の回となっている。

音楽のパロディネタはもう見られないかもしれない

DATA●『妖怪ウォッチ』／放送期間：2014年1月8日～。放送：テレビ東京系。制作：OLM TEAM INOUE。声の出演：ケータ＝戸松遥、ジバニャン＝小桜エツコ、ウィスパー＝関智一ほか差別表現に抗議され封印……
残虐事件に自粛して封印……

アニメ「放送禁止！」のタブー事情あれこれ

取材・文●金崎将敬

梶原一騎、手塚治虫、石ノ森章太郎の封印作品

差別表現を指摘され、封印、修正されたエピソードは挙げればきりがない。その対象は、どんな大御所が手掛けた名作であっても例外はなく、作者の意図を無視して封印されてしまうのが通例であった。

梶原一騎原作の『タイガーマスク』第19話「試合開始2時間前」（1970年）でも、廃品回収で母親の面倒を見る中学生が「クズ屋の子供」と揶揄されるシーンがあり、再放送を見送られていた。

手塚治虫原作アニメにも、差別助長で封印されたという作品がいくつかある。まずは『どろろ』（1969年）。時代は室町時代中期。48匹の妖怪に肉体を奪われ

た百鬼丸が、自身の身体を取り戻す旅に出るストーリーだが、第25話「妖怪土坊主」では、「乞食」という言葉が何度も使われている。また、百鬼丸自身、身体が欠損しているので障がい者差別に当たるため、再放送は難しいとされた。

また、手塚の代表作『ジャングル大帝』（1965年）でも、第8話「気ちがい雲」が放送困難といわれた。きちがい雲とは、バッタの大群を指すが、「気ちがい」は放送禁止用語。CSで再放送の際、第8話のみ見送られるケースがあったが、現在は「バッタの襲撃」と改題され、放送されている。

『どろろ Complete BOX』(2008年)

『ジャングル大帝 DVD-BOX1』
(2015年)

その他、石ノ森章太郎の『サイボーグ009』第15話「悲劇の獣人」（１９６８年）でも、放射能の影響でひとつ目、腕がムチのようになった未来人の描写に、被ばく者差別という抗議があり、石ノ森自身の判断で再放送されないエピソードとなった。

『サイボーグ009 DVD-COLLECTION』（2009年）

アメリカのアニメが、天皇制やポケモンを揶揄して放送禁止

さて、様々な差別問題のタブーに触れてしまった大御所たちであっても、決して扱わなかったタブーが、天皇制だ。

海外アニメには、そんな日本の国内事情を知ってか知らずか、封印されたエピソードを持つ作品がある。一つはアメリカの国民的アニメ『ザ・シンプソンズ』だ。

１９８９年に米国で放送開始。アメリカの中産階級であるシンプソン一家が主人公で、過激な性描写や暴力表現、そして時事ネタの諷刺をふんだんに盛り込んだ作品で、世界70カ国以上で放送されている。日本ではＷＯＷＯＷで１９９２年から放送が始まり、現在はＦＯＸチャンネルで放送中だ（２０２４年２月からはＤｌｉｆｅで放送）。

封印されたエピソードは、シーズン10の第23話「Thirty Minutes Over Tokyo」

（1999年5月にアメリカで放送）。シンプソン一家が日本にやってきて、シャワートイレに驚いたり、アニメを観て点滅シーンで痙攣《けいれん》したりと、ドタバタ劇を演じる。問題は相撲観戦シーン。主人公のホーマーが力士を投げ飛ばすと、天皇が登場して、ホーマーの勝利を祝福。しかし、その天皇をもホーマーは投げ飛ばしてしまうのだ。

もう一つは、『サウスパーク』。こちらもアメリカの大人気アニメで、『ザ・シンプソンズ』同様、過激な暴力表現と社会風刺が持ち味だ。

1999年からWOWOWが放送していたが、シーズン3の第10話「チンポコモン」（1999年11月にアメリカで放送）が封印されている。

その名のとおり、世界的なポケモンブームを皮肉った作品だ。「チンポコモン」に魅了された主人公たちはチンポコモン・マスターとなるべく、チンポコモン・キャンプに参加。だが、その目的は、アメリカの子供たちを日本の工員に仕立てることであったというもの。しかも、チンポコモン製造会社の社長の名は「ヒロヒト」なのだ。この「チンポコモン」だが、なんと2000年度のエミー賞にノミネートされている。

殺人、テロ、淫行……。事件の影響で放送禁止

平成に入ってからは、様々なクレームを受けてきた経験からか、国内アニメで正面

から差別問題を扱うような作品は少なくなった。

事前チェックが徹底されるようになり、思わぬクレームで封印されるような作品はなくなった一方、実際に起きた事件を受けて、放送中止になるケースが多くなった。

いくつか例を挙げてみよう。

●『らんま1／2』第14〜16話「さらわれたPちゃん！　奪われたらんま」（1989年）が、宮崎勤の連続幼女誘拐殺人事件を連想するとして、ストーリーの連続した3話分を放送延期して、次話以降を繰り上げ放送。

●『飛べ！イサミ』第6話「RX95の秘密」（1995年）の毒ガスシーンが、オウム真理教の地下鉄サリン事件を連想させるとして、次話を繰り上げ放送。

●『吸血姫《ヴァンパイア》美夕《ミユ》』第2話「次の駅で」（1997年）の首を切り落とすシーンが、神戸連続児童殺傷事件を連想させるとして、第2話と第3話を再編集したテレビ用の第2話を放送。

『らんま1/2 TVシリーズ完全収録版』（2001年）

『飛べ！ イサミ DVD-BOX上』（2003年）

●『浦安鉄筋家族』第27話「走れスジャータ」（1998年）のカレーを扱うシーンが、和歌山毒物カレー事件を連想させるとして次話を繰り上げ放送。

などなど。

マスコミが大きく取り上げたことで、とくに有名なのは、『School Days』と『ひぐらしのなく頃に解』の放送自粛騒動だろう。

2007年9月18日、京都府で、当時16歳の少女が警察官の父親を殺害する事件が起きた。寝室で寝ていた父親の首を手斧で切りつけ、失血死させたものだ。この事件を受け、同日の深夜にテレビ神奈川で放送予定だった『School Days』の最終回が急遽中止となり、その他、放送を予定していた局も放送延期や打ち切りとした。これは作中の主人公・誠がヒロイン2人との三角関係の果てに殺害され、首を切断されるシーンがあるためだ。

また、実際の事件とは関係ないが、地方局6局で放送中だった『ひぐらしのなく頃に解』も、包丁めった刺しや、ナタで頭を叩き割るなどの残酷シーンがあったため、各局で放送延期や打ち切りなどの対応が取られた。

未成年による残虐事件が起きると、アニメや漫画との関連が論じられるのが恒例だが、京都の事件でもやはり、加害少女がゴスロリファッションを好んでいたことが取り沙汰され、オタク文化を糾弾する動きが生まれた。

そのあおりをモロに受けたのが、2007年10月から地方局やCSなどでの放送を控えていた『こどものじかん』だ。

性知識豊富な小学3年生の女子児童が、新任の男性教師に恋愛感情を抱き、あの手この手で誘惑する内容で、作中にはパンチラや着替えシーンが頻出。

そもそも、なぜ放送が決定したのかが不思議なほどのギリギリ作品だが、ファンの間で放送が危ぶまれていたときに、追い打ちをかける事件が起きる。

10月1日、北海道札幌市の小学校教頭（当時54）が、出会い喫茶で知り合った16歳の少女に現金6000円を渡し、胸や下半身を触るなどのわいせつ行為をしたとして逮捕されたのだ。

この教頭は、女子高生を中心に、約600人の女性と関係し、その行為を撮影して雑誌に投稿。計1800万円ほどの報酬を

『School Days』の原作は2005年発売のアダルトゲーム。小説、漫画化もされた

原作は10万枚を売り上げたサウンドノベルゲーム

得ていたという。この淫行教師が逮捕されたことで、テレビ埼玉、三重テレビ、アニメシアターXが放送を取りやめてしまった。

近年も、佐世保で起きた女子高生による同級生殺害事件の影響で、フジテレビが放送していた『PSYCHO-PASS サイコパス 新編集版』第4話（2014年）が、同級生を殺害し、遺体をオブジェに仕立てる女子高生が登場する内容で放送中止。急遽第5話が繰り上げ放送された。

とかく企業のコンプライアンス遵守が求められる昨今、早急な自粛対応はいたしかたないのかもしれないが、このような事例が増えてくると、問題を起こすリスクのある作品は放送を避けられてしまい、表現者の萎縮を招くことになるだろう。

『こどものじかん 2科目』(2008年)。『コミックハイ!』連載の私屋カヲルの漫画が原作

『PSYCHO-PASS』はフジテレビ「ノイタミナ」のオリジナル作品。脚本は虚淵玄

『巨人の星』『あしたのジョー』『タイガーマスク』……

劇画界の巨星 梶原一騎と「封印」事件

昭和の一時代を築いた天才の憂鬱

取材・文●金崎将敬

再放送では該当のセリフ部分の音声をすべて消すという処置

劇画界の巨星、梶原一騎。劇画原作だけでなく、小説家であり、映画や格闘技興行のプロデューサーも務め、その功績と、日本の文化に与えた影響は計り知れない。

『あしたのジョー』や『巨人の星』『タイガーマスク』の原作者として知られるが、その手掛けた作品は全貌が把握し切れないほど膨大で、そのなかにはトラブルとなった作品や、不幸にも封印状態が続いているものもある。

なかでも多いのは、「不適切な表現」として「言葉狩り」に遭った作品だ。梶原一騎は60年代初頭から原作活動を開始しており、当時は一般的だった言葉や表現も、時代とともに適切でなくなっていった。

梶原の代表作『巨人の星』でも、主人公の星飛雄馬《ひゅうま》が父の一徹の職業をたずねられ、「日本一の日雇い人夫です」と高らかに宣言するシーンがある。初期の単行本にはそのまま掲載されているが、再販版だと「日本一の日雇い労働者です」と表現が変えられている。「日雇い人夫」は放送禁止用語でもあるため、テレビアニメ版でも規制されてしまった。アニメ『巨人の星』の第10話は「日本一の日雇人夫」というサブタイトルがついていたが、この表現が放送直後から問題視され、テレビ局と制作会社による協議の結果、再放送では該当のセリフ部分の音声をすべて消すという処置が取られた。ソフト化した際も第10話のサブタイトルは「日本一の父 一徹」に改題されている。

ちなみにアニメ『巨人の星』の最終回の放送ではエンドマークのあと、突然星飛雄馬が現れ「バカボン君、ぼくに代わって来週からよろしく頼みますよ」と、バカボンのパパと握手するシーンが放送された。これは同じ放送枠で次週から『天才バカボン』が始まるための予告編で、この初回放映時にしか放送されず、

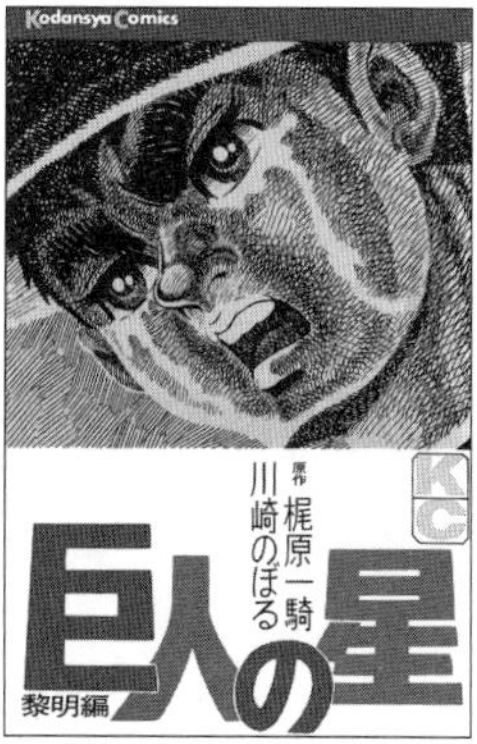

1966〜1971年に『週刊少年マガジン』にて連載。1968年にアニメ化された

現在では幻の映像となっている。

抗議団体が梶原一騎の自宅まで押しかける騒ぎに発展

『巨人の星』に限らず、梶原一騎の作品は主人公が社会的に弱い立場であることが多く、その劣悪な環境のなかから奮起して、栄光を掴み取っていくというストーリーが多い。そのため、おのずと差別的な発言だったり、極端な表現が頻発し、それがやがて問題を起こしてしまうことが多い。

1970年から『週刊少年サンデー』で連載された『おとこ道』は、のちに『釣りキチ三平』でヒットを飛ばす矢口高雄とコンビを組んだ男の生きる道を描いた熱血ドラマだった。

この物語の冒頭で、戦後の闇市が描かれ、そこで横暴を働く外国人労働者の姿が描かれた。この作品では外国人労働者を「第三国人」と称しており、その表現は差別的であると指摘され、抗議団体が梶原一騎の自宅まで押しかける騒ぎになったという。

『釣りキチ』矢口高雄とのコンビ一作目。現在では『梶原一騎原作漫画傑作選』に収録

梶原自身はこの団体と話し合って和解したとされているが、この事態に出版社は団体に謝罪。単行本収録時には該当の部分を「K国人」と変えて出版された。しかし、この表記では不十分だったようで、復刻版ではさらに「不良外人」と変更、このバージョンは現在も入手することが可能だ。

出番が少なくなった大山倍達が『空手バカ一代』に難色を

こうした表記の問題は、時代とともに基準が移り変わっただけで、梶原一騎自身に悪意があったわけではない。しかし、ときには梶原自身のトラブルが原因となり、作品が封印されかけてしまうこともある。

梶原一騎が個人的に知り合い、懇意にしていた空手家の大山倍達をモデルとして描いた、月刊誌『冒険王』の『虹をよぶ拳』（作画・つのだじろう）が評判になり、同じく作画につのだじろうを起用して、『週刊少年マガジン』誌上で大山自身が登場する実録調の『空手バカ一代』がスタートする。冒頭から「これは事実であ

全6部のうち第1部から3部までをつのだじろうが、それ以降を影丸譲也が作画

り、この男は実在する！」と断言。荒唐無稽な修行に明け暮れる大山倍達と極真カラテのすごさは読者の心を鷲掴みにし、全国で極真入門者が爆発的に増えるほどのブームを巻き起こした。しかし、連載途中でつのだじろうが梶原の原作が遅れ気味なことや、漫画家として別ジャンルに挑戦したいとの理由から降板を申し出る。人気連載を打ち切るわけにもいかなかったのか、作画は影丸譲也が引き継ぎ、大山倍達の弟子たちのエピソードや極真カラテの組織が拡大していく様子が描かれるようになった。これに、自身の出番が少なくなった大山倍達が難色を示し始めたという。

『空手バカ一代』の連載終了後、今度は大山自身が原作者としてクレジットされた、『ゴッドハンド』という自伝漫画が『週刊少年チャンピオン』でスタート。作画はなんと、つのだじろうが担当した。この事態に対し、梶原は「『ゴッドハンド』という言葉は自分がつくったもの」と抗議、編集長を呼び出すなどの悶着があったうえで連載は打ち切りとなった。

つのだじろうは梶原一騎と大山倍達に挟まれた格好となったが、精神的にかなり追い詰められていたようで、自身が『ビッグコミック増刊号』で連載していた『魔子』という作品の最終回に梶原に対する恨みを呪文のようなアナグラムで表現し掲載。これを知った梶原はつのだを呼び出し、謝罪させ、各出版社への詫び状を書かせたといわれている。

ちなみに『ゴッドハンド』は一度も単行本化されることなく封印され、『魔子』は該当部分を差し替えて単行本化された。

多くの封印作を生み出した梶原一騎の逮捕事件

こうした事件から梶原一騎は業界で「コワモテ」とされ、作画を担当する漫画家がすんなり決まらないといった状況が生まれるようになる。

『空手バカ一代』の連載と並行して、70年代には格闘技や映画のプロデューサーとしても活躍を始め、自身と関係するスポーツ選手やスターを劇画に登場させるという、現在でいうところのメディアミックスを盛んに行うようになる。読者としては実在の人物が次々と登場するため、雑誌連載時には今までにない臨場感を感じることができるが、これを単行本化するときや、後世になって復刊するときなどに権利関係がネックとなり、封印されてしまう一因となっている。

梶原作品が封印されてしまうのは、表現問題や権利問題だけではない。実質的に多くの封印作を生み出してしまったのが、梶原自身の逮捕によるものである。１９８３年に『月刊少年マガジン』副編集長への傷害事件で逮捕されると、多くの連載は打ち切りとなり、単行本も絶版が相次いでしまった。梶原作品は出版界で一種のタブーとなってしまい、その状態のまま梶原一騎自身も50歳という若さで早逝してしまう。

90年代に入り梶原一騎作品の再評価が始まり、多くの作品が復刊されるようになった。が、様々な問題で日の目をみない作品も残されている。梶原一騎が絶大な影響力を持っていた昭和の一時代。その世界を完全に読み解くには、多くの作品の封印が解かれるときを待つしかないのだ。

第3章 漫画「発禁」事件

ジョージ秋山
アシュラ

オバケのQ太郎 1
MUSHI COMICS
藤子不二雄

JUMP COMICS
宮下あきら

キャンディ キャンディ

JUMP COMICS
車田正美

狂人軍
藤子不二雄

国が燃える
本宮ひろ志
1

ちびまる子ちゃん
さくらももこ

小林よしのり

『サザエさん』抹消された食人族に襲われる「番外編」

取材・文●亀谷哲弘

「食人族＝黒人」の描写がNG。封じられたもう一つの最終回

1974年まで『朝日新聞』朝刊に連載されていた原作版の4コマ漫画『サザエさん』。その最終回は、当時のオイルショックによるトイレットペーパー不足を描いた他愛のないものだったが、姉妹社版コミックの最終巻となる68巻のラストには、かつて「ひょうりゅう記」という番外編が掲載されていた。

物語はサザエさん一家が海の上で漂流している場面から始まる。一家が小島に流れ着きサバイバル生活を送っていると、食人習慣を持った原住民たちに遭遇する。サザエと波平は食べられそうになるがサザエが機転をきかし脱出に成功するという話だ。サザエラストにサザエが見た夢だったというオチがつくのだが、朝日文庫版には未収録となった。おそらく「原住民」のくだりが封印の要因になったのだろう。

この作品が描かれた70年代当時は「原住民＝食人習慣を持つ黒色人種」というステ

レオタイプなイメージがあり、「人喰い人種」「食人族」などと銘打たれた映画が相次いで公開されていた。著名な漫画も例外ではなく、藤子・F・不二雄の『オバケのQ太郎』の「国際オバケ連合」の回に出てくる「バケ食いオバケ」は、上述のイメージをモチーフにしたキャラだ。「バケ食いオバケ」は「表現が差別的」とみなされ封印されていたが、近年相次いで復刻しているため、今後「ひょうりゅう記」が再び日の目をみる可能性も残されてはいる。

80年代より噂されているアニメ版サザエさんの最終回は、ハワイ旅行へと向かったサザエさん一家を乗せた飛行機に事故が発生し海へ墜落する。その後サザエは貝のサザエ、カツオは魚の鰹、波平は海の波と名前通りの海のものへと変貌し静かに暮らすというファンタジックなものだが、この話は「ひょうりゅう記」をベースにしたものではないかとファンの間では推測されているのだ。なお、原作者・長谷川町子が描いた後日談漫画『サザエさん10年後』には、弾丸（高速）道路になった自宅跡地を訪れるサザエさん一家が描写されており、原作終了後に磯野家が引越しを行うことが示唆されている。

DATA●『サザエさん』／作：長谷川町子。『夕刊フクニチ』↓『新夕刊』↓『朝日新聞』1946年4月22日付〜1974年2月21日付連載

1969年より現在まで続いているアニメ放送。最終回はどうなるのか？

最強著作権チームが封じた！パロディ4コマ『サザエさま』

取材・文●西本頑司

直木賞候補作家が原案の『サザエさん』のパロディ漫画

『サザエさん』をパロディにした4コマ漫画が存在するのをご存じだろうか？　その題名も『サザエさま』。

掲載したのは『東京25時』（アグレマン社）というタウン誌で、こつこつ広告を集めては、知り合いに安い原稿料で執筆してもらうという同人誌感覚の雑誌だった。それが1970年末、長谷川町子が経営する姉妹社の弁護士から著作権法違反、名誉毀損を訴える内容証明が送られ「100万円を払え」と問答無用に突きつけられることになった。

この『サザエさま』で荒稼ぎしたのならまだしも、掲載したのは少部数のタウン誌。知的所有権の意識が高くなった現在でも、せいぜい自主回収とお詫び文で解決できた案件だろう。ところが姉妹社は「50万円」への減額と分割支払いを容認しただけで、この弱小出版社からきっちり全額を回収したという。

長谷川町子サイドが厳しい対応をしたのは、『サザエさま』の内容が悪質だったからではない。戦後の混乱期にかけ、爆発的な人気を誇った『サザエさん』は、常に海賊版や無許可のグッズ販売に悩まされてきた。そこで長谷川は、１９７０年になると権利関係を管理する姉妹社に著作権の専門家を集めた。実際、姉妹社は、同年に著作権法違反の先駆的訴訟となった「サザエさんバス事件」でも勝訴する（１９７５年判決）。運が悪いことに、この時代の最強著作権チームに、『サザエさま』は見つかってしまったわけだ。

現在でも『サザエさん』が人気を誇っているのは、長谷川町子と姉妹社が、いち早くそのブランドイメージの価値に気づき、保持した結果といえるだろう。今でも著作権を継承した長谷川町子美術館の著作権絡みの対処はディズニー並みといわれる。そのテストケー

『東京25時』の『サザエさま』掲載号。本家『サザエさん』よりもブラックユーモアのあふれる作風だった

スになってしまった『サザエさま』だが、この作品の原案は、騒動の5年後に『スローなブギにしてくれ』(角川書店)で直木賞候補になった人気作家の片岡義男なのである。

人気作家の有名になる前の「パロディ作」。読んでみたいところだが、残念ながら、この「お宝」作品が日の目をみることはあるまい。

DATA●『サザエさま』/原案:テディ片岡(片岡義男)、作画 木崎しょう平。アグレマン社『東京25時』1970年9・10月合併号

昭和の超ヒット作がなぜ⁉ 長期絶版になった『オバQ』の謎

取材・文●金崎将敬

黒人差別だと訴えられた！　私設団体からの抗議

ドジで大食らいのオバケのQ太郎が、冴えない少年の家に居候。そこで巻き起こる騒動を描いたギャグ漫画『オバケのQ太郎』は、藤子不二雄の最初の大ヒット作品だ。

１９６４年に『週刊少年サンデー』で連載開始した当初は反響が少なく、連載は終了。しかし、読者から再開を希望する手紙が多く寄せられて連載が復活。以降、連載誌を増やして人気が沸騰し、翌年、ＴＢＳがアニメ化すると視聴率30パーセント以上を記録した。主題歌のレコードもバカ売れし、〝オバＱブーム〟なる社会現象になった。

１９７１年には小学館の学年誌で連載が復活し、『新オバケのQ太郎』として単行本化され、日本テレビが再度アニメ化。１９８５年にはテレビ朝日の『藤子不二雄劇場』枠にて3度目のアニメ化がなされ、世代を超えた人気と知名度を誇っていた。

だが、突如として単行本は増刷されなくなり、アニメの再放送もなくなった。また、映像がソフト化されたのは1985年版アニメがVHSになったのみで、DVD化はされていない。

この奇妙な状況に、ファンの間で様々な憶測が飛び交った。

その一つが、厚い唇をしたQ太郎の風貌が〝黒人差別〟に当たると抗議されたために封印されたという説だ。実際、漫画版『オバケのQ太郎』には、同様の抗議によって封印された話が存在する。

「国際オバケ連合」の回は、世界各国を代表するオバケが集まり、平和について議論するストーリー。作中に登場する、鼻輪に腰みのを着けた黒いオバケが、〝バケ食いオバケ〟と他国代表から差別されて「大昔の話だぞ」と憤るシーンがある。

この表現が人食い人種を連想させ、黒人差別を助長するとして、絵本『ちびくろサンボ』を絶版に追い込んだ大阪府堺市の私設団体「黒人差別をなくす会」が1989年、小学館に抗議文を送り、同エピソードを収録した単行本が回収された。

だが、抗議を受けたのは「国際オバケ連合」の回のみで、Q太郎の風貌にまでは言及されておらず、これが原因で全シリーズが長期にわたって絶版になったかどうかは明らかではない。

藤子不二雄コンビが解散。共同作品のため著作権が空中に!?

もう一つの説が、1987年にコンビを解消した藤子・F・不二雄と藤子不二雄Ⓐとの著作権問題だ。

藤子・F・不二雄は『ドラえもん』や『パーマン』、藤子不二雄Ⓐは『忍者ハットリくん』『怪物くん』など、すでにそれぞれが代表作を持ち、単独で作品を制作していたが、すべての作品を藤子不二雄名義で発表し、収入も均等に分割していた。

コンビ解消後は、それぞれの作品を藤子・F・不二雄の藤子プロと、あらたに藤子不二雄Ⓐが設立した藤子スタジオとで著作権を分けたが、ここで問題が起きたのが『オバケのQ太郎』だった。

『オバケのQ太郎』は、2人がキャラ別に分担して執筆する正真正銘の共同制作だったため、著作権をどちらにすることもできず、絶版となったのではないかと噂された。

事実、単行本の増刷は1988年が最後とされており、コンビ解消直後の時期にあたる。これに加えて、前述した黒人差別を指摘するクレーム、そして、1996年に藤子・F・不二雄が死去したことも重なり、長期絶版が決定されたのかもしれない。

2002年より藤子不二雄Ⓐの作品全集『藤子不二雄Ⓐランド』が復刊ドットコムより発売されたが、『オバケのQ太郎』は収録されなかった。

その後、藤子プロ、藤子スタジオとの間で、どのような交渉があったかは不明だが、最後の増刷から20年の時を経た２００９年、ついに小学館から『オバケのＱ太郎』を収録した『藤子・Ｆ・不二雄大全集』が発売された。これには、他の藤子不二雄の合作名義である『海の王子』や『チンタラ神ちゃん』なども収録。

待ち望んだ封印の解禁に多くのファンが歓喜したことは想像に難くない。これからもアニメ版のＤＶＤ発売も含め、動きがあることが待ち望まれるが、長期絶版の真相は永遠に謎のままなのであろう。

DATA●『オバケのQ太郎』／作：藤子不二雄。小学館『週刊少年サンデー』1964年2月2日号〜1966年12月25日号連載

長らく絶版状態だったため、全集に収録されるまでは初版本が高値で取引されていた

『藤子・F・不二雄大全集』版(2009年)で『オバケのQ太郎』が20年ぶりに復活

『キャンディ♥キャンディ』〝死ぬまで終わらない〟著作権争い

取材・文●西本頑司

「原作者には著作権はない」と存在を〝全否定〟する作画家

どちらかが死ぬまで戦いは続く……。

そんな声まで出てきているのが、1997年以降、著作権をめぐる争いが泥沼化した『キャンディ♥キャンディ』であろう。

1975年に『なかよし』（講談社）で連載を開始した『キャンディ♥キャンディ』は、単行本の累計部数1200万部、翌1976年に始まったアニメも大ヒット。キャラクターグッズはバカ売れした。そんな「金の卵」をめぐって、作画のいがらしゆみこと原作者の水木杏子《きょうこ》が対立、「キャンディ戦争」と呼ばれる激しい戦いを繰り広げることになった。

ことの発端は、1995年までさかのぼる。第1次キャンディブームから20年、ちょうど第1世代が母親となる時期もあって親子2世代をターゲットにした再ブームを仕掛ける動きが高まったのだ。

いがらしはもちろん大賛成、積極的に動いたが、一方の水木は「すでに完結した作品」と、リメイクや再ブームビジネスにことごとく反対した。それに業《ごう》を煮やしたいがらしが強引にビジネスを推し進めてしまった結果、最初の訴訟が始まる。それが1997年、水木による「キャンディグッズ販売の停止訴訟」である。飯のタネを邪魔されたいがらしは、この裁判で「そもそも水木に著作権はない」と主張、原作者としての水木の存在を全否定して真っ向勝負に挑むことになる。

いがらしサイドは、まず、キャラクタービジネスは「絵」が基本。作画担当者の権利が優先されるべき、と訴え、さらに「水木杏子は原作者といっても参考資料を提供しただけで著作権自体、存在しない」と主張した。

これに対して水木サイドは、「キャラクターの価値は絵だけでなく人格にある。その人格を担当した原作者にも著作権が

第1回講談社漫画賞少女部門を受賞。日本初の初版100万部を記録した

ある」と反論。名ばかりの原作者という主張にせよ、誰もが口ずさむ「そばかす、だって〜♪」のアニメソングの作詞は水木杏子が担当しているのだ。作品世界に深くコミットしているのは明らかで、どう考えてもいがらしの主張はおかしかった。こうして最初の裁判は水木側があっさり勝利する。

結果、いがらしがキャンディでビジネスするには、すべて水木の許可を得る必要があり、なおかつ水木は、今後、ビジネスをする予定はないことを確認。いがらしにすれば「無条件降伏」に等しい屈辱的な内容である。よほど腹に据えかねたのだろう。いがらしは判決直後、自身のホームページで裁判への不満と、相変わらずの原作者否定。「キャンディの権利は自分にある」という主張を崩さず、今後も好き勝手にやると息巻いたのだ。

キャンディの稼ぎがなくても、ちっとも困らない原作者

裁判で白黒つけても納得しないとなれば、次なる手は「経済制裁」である。

水木は講談社から『キャンディ♥キャンディ』の出版契約を解除、単行本販売を停止することで、今後、キャンディの印税がいがらしに入らないようにしてしまったのだ。どれほど怒り心頭なのかがうかがえよう。

それでもいがらしは、性懲《しょうこ》りもなく何度も無許可グッズの販売を繰り返し、その

都度、水木による販売差し止め訴訟を食らって負け続けている。挙句には2007年、キャンディそっくりの登場人物を使った『甜甜Lady Lady』という新作漫画を台湾で発表。ある意味、作者自身が「パクリ漫画」を描くという禁じ手を使い、キャンディビジネスに食らいつこうとしている。

ようするに、この「キャンディ戦争」、最初から最後まで水木サイドの圧勝であって、いがらしはフルボッコなのだ。それでもゾンビのごとく何度も何度も立ち上がるために「試合が終了しない」というのが実態なのである。

通常、こうした権利争いは、互いに「もっとカネ寄こせ」で揉める反面、最後はカネ欲しさに妥協するのがパターン。しかし、このキャンディ戦争では、まったく妥協点が見いだせなかった。両者のスタンスがあまりにも違いすぎたのが理由といっていい。

実は水木杏子の別名は「名木田《なぎた》恵子」といい、本職は児童文学、少女小説業界の大御所なのだ。ジュニア小説は、長期間にわたり堅実に売れる優良コンテンツで、名木田（水木）クラスの大御所ともなればヘタなベストセラー作家よりも収入が多い。出版界でのヒエラルキーもいがらしゆみこよりはるかに上の「大先生」なのである。

水木にすれば別にキャンディの稼ぎがなくてもちっとも困らない。読者や視聴者にとってキャンディは少女時代の大切な思い出。ジュニア小説の大御所とすれば、大切な作品ゆえに、えげつないビジネスを許せないのだ。一発大当てしたキャンディで、いつまでも荒稼ぎをしたいというい がらしと相容れないのは当然なのだ。

いずれにせよ、水木は「いがらしゆみこ」が存在している間、『キャンディ♥キャンディ』を封印し続けるはず。キャンディ復活の日は、まだ当分、やってこないだろう。

DATA● 『キャンディ♥キャンディ』／作画：いがらしゆみこ、原作：水木杏子。講談社『なかよし』1975年4月号～1979年3月号連載

人肉食、死体だらけの地獄絵図いまだ完全版のない『アシュラ』

取材・文●金崎将敬

「残忍、不道徳、犯罪性、非常識、青少年に悪影響」と糾弾され……

それまで主に軽妙なギャグ漫画を描いていたジョージ秋山が『銭ゲバ』に続き、『週刊少年マガジン』で連載開始したハード路線作品が『アシュラ』だ。その第1話では、応仁の乱により飢餓が蔓延した世界が描かれ、冒頭から言葉を失う残酷な地獄絵図が展開される。そこら中死体だらけで、ウジがわき腐敗臭が立ちこめる村。食料がないため人殺しが繰り返され、みな人肉を喰らって生き延びているのだ。そして、そのなかに我が子を焼き殺して喰おうとするオンナがいた。このオンナの子供がアシュラだ。

この衝撃的な描写はすぐに物議を醸すこととなり、「残忍、不道徳のうえに犯罪性がある。非常識であると同時に青少年に悪影響を与える」と、神奈川県では掲載誌の『週刊少年マガジン』が有害図書指定されてしまう。

これを受けて『週刊少年マガジン』には「新連載まんが『アシュラ』の企画意図に

ついて」という一文が掲載され、「第1回に描かれた地獄絵図的世界は当然主人公のこれからの精神的成長の中で否定され、神なるもの、仏なるものへのひたむきな希求を通して、豊かな人間社会を建設していくドラマを描こうという構想であります」との説明がなされた。食人描写について決して非道徳的行為を助長するものではないとしたのだ。

その後の展開は賛否両論があるが、連載をまとめた単行本は『週刊少年マガジン』を発行していた講談社から発行されることはなかった。いくつかの出版社から単行本が出版されているが、どれもカットされたページが存在し、連載時の原稿がすべて揃った完全版はリリースされていない。

また「完結編」と題するエピローグが『週刊少年ジャンプ』誌上で発表されており、こちらは短編集に収められている。

2012年には『アシュラ』のアニメ

2006年発売の幻冬舎文庫版。他に「ぱるコミックス版」も存在する

映画が制作された。冒頭のシーンはもちろん描かれたが、ソフト化もされていて、こちらは無事に糾弾や抗議を受けることなく、公開された。

DATA● 『アシュラ』／作：ジョージ秋山。講談社『週刊少年マガジン』1970年7月26日号〜1971年5月23日号連載

連載終了から45年。念願のアニメ映画は無事公開された

〝作者のイジメ体験〟編だけが『魔太郎がくる!!』完全封印に！

取材・文●金崎将敬

「コ・ノ・ウ・ラ・ミ・ハ・ラ・サ・デ・オ・ク・ベ・キ・カ！」

藤子不二雄Ⓐ作の『魔太郎がくる!!』は、イジメられっ子の浦見魔太郎が、理不尽な暴力やイジメに遭うと、「コ・ノ・ウ・ラ・ミ・ハ・ラ・サ・デ・オ・ク・ベ・キ・カ！」とつぶやき、サタンと契約して手に入れた「うらみ念法」や、悪魔のアイテムを使って復讐を果たしていくという人気作品。

少年チャンピオン・コミックスとして全12巻が単行本化されているが、いくつかのエピソードは単行本未収録となっている。１９８７年に発売された『藤子不二雄ランド』版では、少年チャンピオン・コミックス版で削られていたエピソードが何話か復活しているものの、逆に描き直しがされたり、丸ごと欠番扱いされているものもあり、さらに不完全な内容になっている。

初期のエピソードでは、魔太郎が超能力やアイテムを使わず、うらみを抱いた相手を袋詰めにしてボコボコに叩き殺したり、屋上から転落させたりと、現実的で直接的な方法を取っており、これが青少年に悪影響を与えるということで、改変・封印されてしまったのだ。

さらに『魔太郎がくる!!』には、少年チャンピオン・コミックス版にも『藤子不二雄ランド』版にも未収録のエピソードが1本だけ存在する。それは「魔太郎の生い立ち」と題された番外編（『少年チャンピオン』1975年11月10日号）で、藤子不二雄両氏の過去のイジメられ体験がつづられるというもの。「今思っても、悲しくてくやしい思いが次々と湧き起こってくる!!」「だがいじめられっ子だっていつまでもだまってないのだ!!」と、まさに「恨みはらさでおくべきか」な念が詰まったエピソードになっているが、現在では封印されてしまっている。

また、アニメ化の企画も何度もあがったが、社会的に影響を与える恐れがあるという理由で、藤子不二雄Ⓐ氏自身が断っているとされている。

1999年発売の『新装版魔太郎がくる!!』（チャンピオンコミックス）は全12巻

DATA● 『魔太郎がくる!!』／作：藤子不二雄Ⓐ。秋田書店『少年チャンピオン』1972年7月17日号〜1975年11月17日号連載

〝キチガイ〟に異常執着し永久封印のままの『狂人軍』

取材・文●金崎将敬

狂った人間と狂った言動しか出てこないナンセンスの極致

藤子不二雄Ⓐの『狂人軍』は、『週刊少年チャンピオン』に１９６９年から連載された作品だ。新連載時のトビラには「人はみなおおかれすくなかれくるっているのだその中で純粋な心の持ち主が本格的なキチガイになるだけなのだエイブラハム・ベートーベン」という言葉があるが、そもそもそんな人物は実在しないことからもわかるように、徹底的に狂った人間と狂った言動しか出てこないナンセンス作品である。

「気ちがい以外は中に入れない」という「狂楽園球場」にキチガイのフリして迷い込んだ主人公が、狂人軍の主砲である王選手（ビジュアルはトランプのキングにそっくり）が放ったボールに頭を直撃され本当に発狂してしまうという、現在の感覚ではどこから突っ込んでいいのかわからないエピソードからスタートする。登場人物の面々は常に鼻水や脳みそを垂れ流し続け、人肉にかぶりつく犬や、「ラリパッパー！」と何を言ってるのかわからないサブキャラがわんさか登場する。
　とくに抗議や非難などがあったというわけでもなく、単純にそれほど人気が出なかったために連載は14回で打ち切り。作者の藤子不二雄Ⓐが「お気に入り」と言うほどの作品だったというが、いまだに単行本化はされていない。作者が執拗に〝キチガイ〟にこだわった内容に加え、タイトルの『狂人軍』があからさまに「巨人軍」を連想させるなど、現在では確実に復刻が不可能なため完全な封印作品となっている。

DATA●『狂人軍』／作：藤子不二雄Ⓐ。秋田書店『週刊少年チャンピオン』1969年9月3日号〜1970年3月18日号連載

野球漫画と見せかけ、試合をしたのは最終話のみだった

始まりは「恐怖コミックス」『ブラック・ジャック』の禁忌

取材・文●亀谷哲弘

猟奇的症例が頻繁に登場。封印・改稿の対象に

１９７３年、『週刊少年チャンピオン』で連載が始まった『ブラック・ジャック』は、手塚治虫の代表作であり、医療漫画の金字塔として今なお絶大な人気を誇る。初期作品は「恐怖コミックス」と銘打たれているように、奇病、フリークス、人体改造など猟奇色が強い作風で、２０１０年の文庫全集では、封印、もしくは大幅に改変されている回がいくつか存在する。

ファンの間でよく知られているのが、第２２７話の「刻印」という回。この回はもともと「指」という題名で、ブラック・ジャックの旧友・間久部緑郎《ろくろう》が「６本の指」を持つ多指症を患っていたという設定。学生時代の緑郎は化け物扱いされ疎外されていた過去を持ち、人間の暗部を描いたエピソードとなっている。現在、「指」は改稿版の「刻印」としてしか読むことができない。

初版コミックス4巻に収録されている「木の芽」は、病気を患った弟を兄が身体障がい者を表す「カタワ」と呼ぶシーンがあったが、文庫版では削除されている。ただし、この回は弟を障がい者扱いする兄をブラック・ジャックがいましめる場面があるため、該当のシーンが削除された現行版ではテーマが伝わりにくくなっているという指摘もある。

脳を手術する「ロボトミー手術」を扱ったのが、第58話の「快楽の座」。母親の押しつけ教育により、鬱状態となった少年の頭部に感情をコントロールする機械を埋め込んだ結果、少年は笑顔を浮かべるようになるが、凶悪な感情が心に芽生え、主治医や母親に襲いかかってしまうストーリー。再手術を行い再び鬱状態となった少年に対し、ブラック・ジャックが提案した治療方法は「勉強を押しつけない」「将来について無理強いしない」というしごくまっとうな教訓だった。「ロボトミー手術」への誤解が原因で、現在封印されているのが惜しまれる回だ。

他にもシャム双生児が登場する「2人のジャン」、単眼症の少年が〝悪魔の使徒〟と呼ばれる「魔女裁判」、精神薄弱者の少女が差別される様子を描いた「しずむ女」などが文庫版未収録となっている。本作の「ヒューマニズムあふれる感動作」という世間一般のイメージは、あくまでもこの作品の一面でしかないのだ。

DATA● 『ブラック・ジャック』／作：手塚治虫。秋田書店『週刊少年チャンピオン』１９７３年11月19日号〜１９７８年９月18日号連載

全２４２話の大作。医学部の学生だった手塚の体験が反映されている

タブーに切り込んだ作品はすべて単行本未収録

実在の学校名と卒業生名を掲載し回収→打ち切りとなった『私立極道高校』

取材・文●金崎将敬

自分の母校や友達の名前を勝手に使ってしまった

『私立極道《きわめみち》高校』は、『魁!!男塾』で一躍有名作家となった宮下あきらの連載デビュー作。極道の伝統を守るためにつくられた極道養成機関「私立極道高校」を舞台にした熱血ギャグ漫画だ。

『週刊少年ジャンプ』誌上で1979年から連載されていたが、第39話「歴代生徒会長記念館の巻」で、全国の番長を倒してせしめた戦利品が陳列された記念館の描写があり、その学校名と番長名が滋賀県に実在する中学5校と、実在する卒業生4名の実名だったことが発覚。

この〝実名部分〟には宮下あきら自身は関与しておらず、アシスタントが自分の母校や友達の名前を勝手に使ってしまったとされている。

これが問題となり、発行元の集英社は滋賀県教育委員会から抗議を受け、新聞などでも報道される事態となった。この騒動を受けて、集英社は当該号の回収を決定、『私立極道高校』も打ち切りとなった。この回収に協力した人には、特製のアドレス帳が送られたという。

単行本も第1巻が発売されていたが、この事件がきっかけで絶版となってしまった。宮下は謹慎期間を経て1980年に『激!!極虎一家』で『週刊少年ジャンプ』に連載復帰。この作品には『私立極道高校』のキャラクターも登場していた。

この回収、打ち切りという不祥事から31年後、続編となる『私立極道高校2011』が『週刊漫画ゴラク』（日本文芸社）で連載開始され、この単行本の第1巻発売と同時に、『私立極道高校』で問題となった箇所を修正し、未収録エピソードもまとめた『私立極道高校　復活版』（全2巻）がホーム社から刊行。その封印が解かれた。

ちなみに『私立極道高校2011』は、最終回で「私立極道高校は新生男塾として再出発する！」という衝撃の展開となり、『極!!男塾』（『漫画ゴラク』）にストーリーが引き継がれたのだった。

アシスタントの不手際で
1年足らずで打ち切りに

DATA●『私立極道高校』／作：宮下あきら。集英社『週刊少年ジャンプ』1979年5月21日号〜1980年3月17日号連載

「食人族」描写でお蔵入り『キン肉マン』の封印作品

取材・文●平山賢司

文庫版でカットされたヤバすぎるエピソード

　1979年から『週刊少年ジャンプ』で連載が開始された人気漫画『キン肉マン』。連載終了後も人気は衰えることなく、最終回直後のキン肉マンたちの新たな物語を描く新シリーズなど続編もつくられている。

　そんな『キン肉マン』に、封印されたエピソードがあったのをご存じだろうか？　それは、ジャンプコミックスの第2巻に収録された「南からの使者の巻」と「伝説の救世主の巻」という前後編のエピソードだ。この2話は、1999年に発売された『キン肉マン』の文庫版でカットされており、多くのファンを混乱させた。

　物語のあらすじは、南海の孤島であるルーツ島を荒らす怪獣たちをキン肉マンが退治しに行くというもの。問題はこの島に住んでいる原住民のキャラクター。彼らは褐色の肌をしており、長老のヨサークに至っては鼻に人骨をぶら下げているなど、食人族を連想させるキャラクターとして描かれているのだ。

奇しくも、この文庫版が発売された１９９０年代は、大阪府堺市を拠点とする「黒人差別をなくす会」という私設団体が、手塚治虫作品の『ジャングル大帝』や、藤子不二雄作品の『オバケのQ太郎』などの作中に登場する黒人キャラクターの描写に抗議をし、単行本を一部回収・絶版に追い込むような活動を行っていた時期でもあった。

１９９０年には、作者のゆでたまごの別作品『ＳＣＲＡＰ三太夫』が同団体からの抗議を受けて、作中の表現を修正した経緯もある。

これらの出来事から「南からの使者の巻」と「伝説の救世主の巻」は、自主規制の一環として文庫版に未収録とされたという。

現在では「黒人差別をなくす会」が、目立った活動を行っていないため、この２話はリニューアルされた『キン肉マン』のジャンプコミックスの第２巻に収録されている。

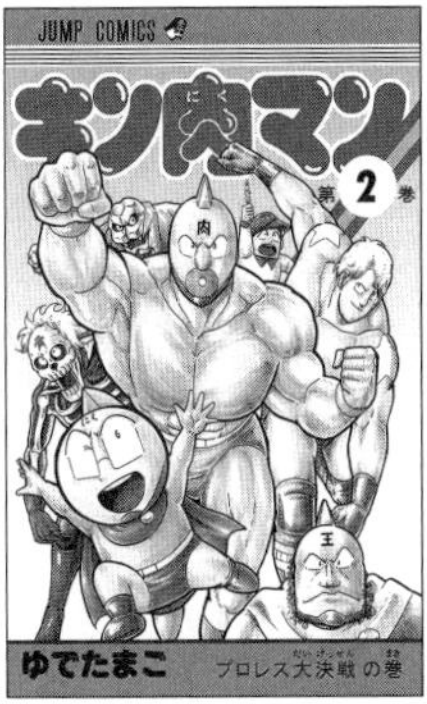

2013年発売のジャンプコミックス『キン肉マン』第2巻。問題の作品も、時を経てここに収録されることに

DATA● 『キン肉マン』／作：ゆでたまご。集英社『週刊少年ジャンプ』1979年5月28日号〜1987年5月4日号連載

作者の〝闇〟が作品を侵食!? 悪夢の『ちびまる子ちゃん』

取材・文●亀谷哲弘

まる子の日常を蝕むナイトメア。少女漫画で衝撃の鬱展開

ほのぼのしたイメージが強い『ちびまる子ちゃん』だが、作品中期以降に見られる特定のキャラを執拗に非難する描写や、エッセイ本に書かれた数々の発言などから、作者のさくらももこの「毒」の強さは各方面で指摘されている。

現在、単行本未収録となっているのは、１９９４年に『りぼん』誌上に掲載された「まる子 夢について考える」という回。物語は洞窟の中で不気味な仮面をかぶった男たちが、「神よ、力を与えよ」と踊り回る光景をまる子が目撃するという唐突な展開から始まる。まる子は男たちに捕まるが、イケメンの王子様に救出される。その後、男たちが仮面を外すと正体はクラスメイトの藤木君と永沢君で、かたわらにはハエがたかった小杉君の死体が転がり、まる子は王子様にプロポーズされたあと、十二単《ひとえ》を着た野口さんに呼ばれる……という支離滅裂な内容。

　これらの描写はまる子が見た夢であったが、この話のさらに恐ろしい点は、夢が現実を侵食するところ。まる子は王子様が忘れられず泣き出し、藤木君と永沢君を仮面の男たちの生まれ変わり呼ばわりし、小杉君に「顔に死相が出てるよ」と言い放つのだ。
　今となっては、少女漫画誌に掲載されたのが信じがたい話だが、この回が描かれた当時は『ちびまる子ちゃん』のアニメ第2期のスタート直前で、作者はアニメの脚本やエッセイ本の執筆、さらには出産が重なるなど公私で多忙をきわめており、ストレスが蓄積していたという噂がある。さらに作中の主要キャラ名をガロ系漫画家の丸尾末広や花輪和一から引用するなど、もともとさくらはサブカル志向が強く、そのような一面がストレスをきっかけに露呈したのかもしれない。現在『グランドジャンプ』誌上で独特の切り口の『まんが倶楽部』という作品を連載しているさくら（現在では連載終了）。読者がついていけない世界にトリップしてしまう可能性も、皆無ではなかっただろう。

1987年の単行本第１巻。少女漫画にもかかわらず死体を登場させるとは……

DATA●『ちびまる子ちゃん』／作：さくらももこ。集英社『りぼん』1986年8月号〜1996年6月号連載

現実世界まで敵に回す！過激すぎる『ゴルゴ13』の問題作

取材・文●亀谷哲弘

リアルに〝暗殺〟される危険発生。イランの最高指導者を実名で！

２０１６年に『こち亀』が終了し、超長期連載漫画の代名詞の座をますます不動のものにした『ゴルゴ13』だが、この作品は現実の世界情勢や事件、歴史的事実を参考にした物語が多い。時代ごとのセンセーショナルな話題を扱うことが『ゴルゴ13』の真骨頂だが、時にはタブーに触れてしまうことがある。

現時点で単行本未収録となっている『ゴルゴ13』の物語は4話ある。第２３７話「幻の栽培《ダミー》」はイラン・イラク戦争真っ只中の１９８６年に『ビッグコミック』（4月10日号、4月25日号）で発表された回。物語は戦争により疲弊し切ったイラン国民たちの姿を見た革命防衛隊のメンバーたちが、最高指導者のホメイニ師に戦争終結を宣言するよう直訴する。だが、実際のホメイニ師は老衰状態で動けず、公の場に姿を現していたホメイニ師は戦争継続派が手配した影武者だった……という内容だ。

ホメイニ師は掲載当時のイランの最高指導者だが、作中では実名で登場している。現在ほどイスラム過激派やテロの存在がクローズアップされていた時代ではなかったが、1991年に日本で起きた、イスラム教を冒涜する内容の書籍を翻訳した大学教授が暗殺された事件が、この回が封印されるきっかけになったという説もある。

同じ1986年『ビッグコミック』（12月10日号、12月25日号）掲載の第245話「スワップ・交換捕虜」には、「パレスチナ解放機構（PLO）」が実名で登場している。PLOは、イスラエルの支配下にあるパレスチナを解放することを目的とした統合機関だ。現在のパレスチナ自治政府の母体となっている。この物語は、そのPLOがテロ活動を行うという内容だったため、パレスチナ自治政府側からクレームを受けた。そのため、一時期単行本収録が見送られていた。しかし、同回は組織名を「パレスチナ解放武力同盟情報部」という架空のものにすることで、2007年『ビッグコミック増刊号』（10月17日号、12月17日号）に再録された。

作品発表後に問題化し、今後収録不可になる可能性も

1988年『ビッグコミック』（8月25日号、9月10日号）掲載の第266話「バチカン・セット」はカトリック総本山のバチカン教会の内部を描いた作品。物語の中心人物の司教は腐敗した人物として描かれ、自身の出世のためにスイス銀行にあるゴル

ゴの口座からカネをせしめる。さらに修道女と肉体関係を持つ好色家で、なおかつ同性愛者で小児性愛者という、おそろしく罰当たりなキャラだった。

しかし、現実にカトリック司祭による同性愛・小児性愛問題は世界中で報告され、「バチカン・セット」は一見荒唐無稽なストーリーと思われたが、「カトリックの真実」を赤裸々に描いた物語とされ、作者の自粛によって封印されたという。

1993年『ビッグコミック増刊号』（2月22日号）に掲載された「告発の鉄十字」は、元ナチス将校の医師を中心とした物語。医師はナチス時代の精神を持つ多重人格者で、夜な夜なネオナチの集会に参加しては演説をするというサイコパスなキャラ。物語中、医師の息子が大戦中のナチスの行為を語るシーンがあるのだが、強制収容所内のユダヤ人虐殺を「その後の医療発展のための礎《いしずえ》となった」と肯定的に評する内容。もちろん作中には「事情には二面性がある」という注意書きが添えられているのだが、イスラエルをはじめ世界各国でナチスの肯定はタブーとされているため、この作品はコミックス未収録になったという。

これらの作品は掲載時の時事問題を扱ったものだが、作品発表時はなんの問題もなかった作品が、発表後に起きた事件をきっかけに問題化する可能性もある。例を挙げると、事実の隠ぺいや経営者による現場に対する責任のなすりつけなど、2011年の福島第一原発事故を連想させる「2万5千年の荒野」（SPコミックス64巻収録）や、イスラム過激派がニューヨークに天然痘ウイルスを散布しようと企む「高度1万メートルのエピデミック」（SPコミックス182巻収録）は、IS（イスラム国）が世界各地でテロを繰り返している現代では、現実にも発生し得る問題であるため、今後お蔵入りする可能性もある。

　宗教、民族などを要因とした戦争や騒乱、事件はこれからも数多く発生し、『ゴルゴ13』の物語のネタは尽きることはないだろう。しかし、それゆえに封印作品が生まれ続ける可能性もあるのだ。

1969年から『ビッグコミック』で連載開始。超一流スナイパー、ゴルゴ13の活躍が描かれる

DATA●『ゴルゴ13』／作：さいとう・たかを。小学館『ビッグコミック』1969年1月号（連載開始当時は月刊誌）～連載

職業差別でクレーム殺到『燃える！お兄さん』回収事件

取材・文●金崎将敬

自治労の大阪府本部が正式抗議。全国紙5紙への謝罪広告掲載に

１９８７年から『週刊少年ジャンプ』で連載され、好評を博したギャグ漫画『燃える！お兄さん』。山中で育ったために常識を知らない主人公ケンイチ（国宝憲一）を中心にドタバタギャグが展開し、「やるじゃない？」が口癖のロッキー羽田《はだ》や、ダックくん、ポキール星人などサブキャラも人気を集め、１９８８年にはテレビアニメ化されるほどのヒット作となった。

しかし、連載当初から暴力的な表現や、弱者をイジるネタが多く、たびたび読者から指摘されていた。もちろんすべてギャグのうちなのだが、違法行為や流血シーンなどの描写もたまにあり、障がい者がネタにされることもあった。そして、ついに１９９０年の『週刊少年ジャンプ』10月22日号に掲載された「サイボーグ用務員さんの巻」が差別に当たると大問題となった。

ケンイチの副担任だった早見先生が、「なにもしてもらうことがなくなった」ということで用務員となり、ケンイチたちはいきなり罵倒。怒る早見に対して「おっさんはもう先生じゃないのだ。先生じゃなきゃタダの人だからなにをいってもかまわないのだ！」と侮辱し、「死んじまえー！」「クルクルパー」など理由のない罵詈雑言を大勢の生徒から浴びせられるという内容。

発売直後から「用務員をバカにしている」という意見が労働組合などから編集部に殺到。自治労の大阪府本部が「学校用務員に対し、本コミックは全編において用務員の仕事と存在を否定しており、全国の用務員及びその家族に侮辱を与えている」と正式に抗議。集英社は「当該号の回収」「誌上での謝罪及び全国紙5紙への謝罪広告の掲載」などで対処した。なお、回収に協力した者にはシャープペンシルが送られたという。

連載打ち切りは回避されたが、このエピソードは単行本には未収録となり、封印。しばらくして連載はいったん終了し、その後『燃える！お兄さん2』として再開されたが、人気が再ブレイクすることもなく、まもなく連載は終了となった。

DATA●『燃える！お兄さん』／作：佐藤正。集英社『週刊少年ジャンプ』1987年5月18日号～1991年8月12日号連載

1989年にファミリーコンピュータのゲームが発売されるほどの人気を誇ったが、回収騒動で失速した

『沈黙の艦隊』の「沈黙」を破った軍事写真の無断トレース問題

取材・文●西本頑司

写真集をそのままトレースして漫画に掲載し、著作権侵害

1991年11月、あるカメラマンが、『モーニング』連載の人気漫画『沈黙の艦隊』に対して、自分の写真集を無断でトレース（模写）しているとして著作権法違反で訴えてきたのだ。そのカメラマンは柴田三雄氏（故人）、『ｎｏｎ-ｎｏ』の専属カメラマンから、なぜか軍事、とくに兵器専門に転身した異色のカメラマンで、戦闘機のコックピットから外の機体を撮影する迫力のある撮影には定評があった。リムパックなど日米の軍事演習を何度も取材してきた軍事写真の第一人者だ。

かわぐちかいじの出世作かつ大ヒット作となった『沈黙の艦隊』には、自衛隊、旧ソ連軍、アメリカ海軍の艦船が多数出てくる。軍事系の写真集も資料にしており、そのうち、カット約50点が柴田三雄氏の写真集をそのままトレースして漫画に掲載されていたのだ。

　柴田三雄氏は、軍艦や戦闘機などの写真を雑誌に販売しており、講談社の『週刊現代』や『FRIDAY』はグラビアで何度も扱っている。丸ごとトレースするなら写真購入と同じ、支払い義務が生じるという主張は別段、間違っていない。結局、講談社とかわぐちかいじは連名で謝罪文を掲載、損害賠償を含めた和解金の支払いと、トレースした箇所にはクレジットを入れ、使用料を払うことで決着した。

　柴田氏の主張を否定すれば、かわぐちかいじが描いた絵を他の漫画家がそのままトレースしても問題ないことになる。自らの著作権の放棄に繋がるのだから、当たり前の話であろう。

　問題は、この騒動が起こるまで、トレースが公然の秘密で黙認されてきたことにある。事実、この「トレース行為」は、何度も騒ぎになっており、『ちはやふる』などで人気の末次由紀は、井上雄彦の『SLAM DUNK』のシーンをトレースしたとして2年の休業を余儀なくされたほど。いまもって、違法トレースに「沈黙」している漫画家は少なくないのかもしれない。

DATA●『沈黙の艦隊』／作：かわぐちかいじ。講談社『モーニング』1988年10月13日号～1996年3月14日号連載

潜水艦の海中戦闘とそれを取り巻く国際情勢が描かれた社会派作品

初期『こち亀』は超ブラックタブーネタ連発だった!!

取材・文●亀谷哲弘

なんでもありの連載初期。単行本収録削除の回も

2016年9月17日に発売された『週刊少年ジャンプ』42号で最終回を迎えた『こちら葛飾区亀有公園前派出所』だが、同誌に復刻掲載された第1話を見ればわかるように、初期の作風は、現在なら『週刊漫画ゴラク』や『週刊漫画TIMES』に掲載されていそうな内容だった。

初期の、主人公・両津勘吉は粗暴な不良警官として描かれており、行き先を訪ねに来た中年男性を「ふん、新潟で米でもつくってろ!」と罵倒し、前任の警官が退任した理由が「ロシアンルーレットで遊んでいて即死した」と答えていた（現行の単行本版では両表記とも削除）。

現在、単行本未収録となっているストーリーが「派出所自慢の巻」（1977年4月18日号）である。両津と部下の中川が欠員補助のため水元公園前派出所に向かったと

ころ、そこの班長が時代錯誤の軍国主義思想の持ち主で、旧日本軍の軍服を着用しており、派出所内には「三八式歩兵銃」や「一〇〇式機関短銃」が所せましと陳列してある。派出所が留守になったあと、寒さに耐え切れなくなった両津と中川が所内の木製小銃をたき火にくべてしまうのだが、その際「天皇陛下バンザーイ！」と叫ぶなど、作品中期以降、常識人と化した中川からは考えられないような場面が描かれている。「派出所自慢の巻」は1990年代以降自主規制され、この回が収録されていた単行本第4巻の現行版は1988年に描かれた「野球狂の男の巻」が代替収録されているが、絵柄が4巻当時のものとはまったく異なるため、事情を知らない読者は違和感を覚えた。

なお、作品初期〜中期にかけての『こち亀』には、規制が今よりもユルい時代だったため「女はあさはかなもの」「現代のパープリンギャル」など女性蔑視的な発言や、ホームレスの「フータロー」というキャラが準レギュラーを務めたり、「3億円事件の犯人さん時効まで後9日頑張れ！」というポスターが派出所内に貼られていたり、麗子が両津に「エイズになっても死ななそうね」（現行単行本ではセリフを変更）と発言するなど、現在では掲載不可能なブラックな表現が多く描かれていた。

DATA●『こちら葛飾区亀有公園前派出所』／作：秋本治。集英社『週刊少年ジャンプ』1976年9月21日号〜2016年10月3日号連載

『ゴーマニズム宣言』不掲載問題 雅子妃を爆弾魔として描き大紛糾！

取材・文●西本頑司

いまや漫画家というより言論人として活躍する小林よしのりだが、その転機となったのは、いうまでもなく『ゴーマニズム宣言』であろう。

1992年1月から週刊誌『SPA！』で連載を開始。当初はギャグ漫画家が小難しい社会問題をテーマとして語るというノリだった。それが論壇、言論界から注目されるようになったのは、『SPA！』（1993年6月9日号）に掲載されるはずだった皇太子ご成婚を扱った回、「カバ焼きの日」からであった。

世が世なら不敬罪で極刑になる内容

この作品、あろうことか、ご成婚パレードの最中に、「天皇制反対ーーっ」と叫んで雅子妃が手榴弾を投げつけ、大量殺人をするという、とんでもないカットが描かれていた。世が世なら不敬罪で極刑になる内容である。『SPA！』の前身は『週刊サンケイ』だ。保守層の御用メディアであるサンケイグループで、こんな不敬なカットを掲載するわけにはいかない。そこで『SPA!』編集部は、小林に当該カットの修正を求めるが、これを小林は断固拒否。そのため『SPA!』編集部は、この「カバ焼きの日」の回を掲載しない決定を下したのだ。

当時は『SPA!』が最も勢いのあった時期、その人気を牽引していた人気連載が載っていなければ、当然、どんな内容だったのかと話題となる。

『SPA!』編集部の決定を受けて小林は、「カバ焼きの日」の原稿を青林堂の漫画誌『ガロ』に持ち込んで「原稿料タダ」で掲載した（1993年9月号）。その後、小林は扶桑社と和解し、『ガロ』版の原稿が単行本に収録されることになった。しかし『ガロ』版では、『SPA!』における不掲載までの経緯を新たに付け加えたために、『SPA!』版の原稿は「幻」となっているのだ。

さて、「カバ焼きの日」の気になる詳細だが、1992年12月の皇太子妃の婚約から翌年6月のご成婚までのマスコミの常軌を逸した過熱報道を皮肉ったもの。問題のカットも「雅子さま

1993年発売の扶桑社版の『ゴーマニズム宣言』第1巻。1999年には幻冬舎版も出ている

が天皇制反対を叫んで手榴弾を投げてもマスコミは大喜びで褒めそやすんだろう」というブラックジョークなのだ。あくまでも批判の対象はマスコミ、ご成婚や雅子妃に対する批判ではなかった。

とはいえ、小林の「カバ焼きの日」は、皇太子妃を大量虐殺者として描いていた以上、「メディアは皇室をどう報じるべきか」「皇室への批判はどこまで許されるのか」というタブーに踏み込んでいた。ゆえに論壇や言論界は、この皇室表現のあり方をめぐって大いに盛り上がった。小林よしのりにも取材や執筆依頼が殺到し、『朝まで生テレビ！』（テレビ朝日系）への出演も増えていき、気がつけば押しも押されもせぬ「言論人」へと。その意味で「カバ焼きの日」は、文字通り彼の〝出世作〟なのである。

問題の「カバ焼きの日」は、第3巻に経緯について記した「あとがき」を含め収録された

雅子妃をめぐる報道は悪質なものが多い!?

たしかに、小林よしのりにとっては成功であろう。

しかし、その成功は、たとえ皇太子妃を大量殺人者として描こうと「表現の自由」「言論の自由」であり、世の中的には許される行為という勘違いを生み出した。

実際、保守的といわれる言論人たちは雅子妃に対して平然と「皇太子妃としてふさわしくない」「離婚すべき」と批判を繰り返しており、それが2004年、皇太子自身の会見で雅子妃の危機的状況を説明した「人格否定発言」に繋がった可能性は否定できまい。

2006年には、オーストラリア人ジャーナリストが『プリンセス・マサコ菊の玉座の囚われ人』（第三書館）を発表。皇太子妃の妊娠に関する女性にとって触れてほしくないプライベートな内容に加えて、「鬱病」などの病歴を根拠もなく描いていた。そんな書籍が日本でも堂々と出版されたように、雅子妃をめぐる報道は、過去の「美智子妃」の報道と比べ、非常に悪質なものが多いのだ。その最初のボタンの掛け違いに「カバ焼きの日」

ゴーマニズム宣言SPECIALとして皇室問題に切り込む『天皇論』も執筆した

があった気がしてならないのである。

もちろん、いっさいの批判をするな、悪口を書くな、と言いたいわけではない。ただ、おめでたい結婚式で花嫁が爆弾魔になるイラストを描けば、描かれた側はどんな気持ちになるのか。いくら相手が公人たる皇室関係者であろうと、やはり非常識だし、それこそ一人の女性に対する「人格否定」ではないか、と指摘したいのだ。

小林よしのりには、彼自身の意思で単行本に収録されている問題カットを、是非、修正してもらいたいものである。


DATA●『ゴーマニズム宣言』／作：小林よしのり。扶桑社『SPA!』1992年1月22日号～1995年8月2日号、小学館『SAPIO』1995年9月27日号～連載

「皇民党事件」をリアルに描いて『代紋TAKE2』掲載誌が回収！

取材・文●西本頑司

「不適切な表現があった」『週刊ヤングマガジン』全面回収

　1996年10月14日、発売直後の『週刊ヤングマガジン』（10月28日号）が全面回収となった騒ぎのことである。理由は「不適切な表現があった」。その当該箇所が載っていたのが人気連載漫画の『代紋《エンブレム》TAKE《テイク》2』である。

　どんな内容かといえば、竹下登にそっくりな大物政治家に対して、右翼が街宣車で「褒め殺し」するというシーン。1987年、竹下登が任侠系の右翼団体から嫌がらせを受けた「皇民党事件」をモチーフにしたわけで、たとえ関係者からクレームが入ったとしても単行本で修正なり、お詫びをすれば済むレベルだろう。どう考えても雑誌を全面回収するような「不適切」な表現ではなかったはずだ。

　いったい、何が問題だったのか。それが「神っていた」発売時期なのである。

　1996年といえば、1月に橋本龍太郎内閣が発足、いわゆる「住専問題」が起こり、公的資金6850億円の投入を決めたことで世論が紛糾していた。

その住専問題を引き起こした原因の一つが、「皇民党事件」なのである。この事件を契機に、大物政治家、経済ヤクザ、ノンバンクが結託するようになり、バブル崩壊後に住専問題を引き起こしたといわれているのだ。住専問題が発覚したことで橋本龍太郎は竹下派七奉行の筆頭として政権の座につき、「住専国会」で親分の竹下登の尻ぬぐいをする。結果、民意を問う必要が生じ、同年9月27日、衆議院を解散した。

この問題の箇所が掲載されたのは、10月20日の衆議院選挙の6日前なのだ。「住専問題は例の皇民党事件をきっかけに、政治家とヤクザが結託したのが原因なんですよ」と取られかねないエピソードを、人気漫画雑誌の連載で扱えば、編集部や漫画家にその意図はなくとも、選挙妨害になりかねない。だからこそ講談社が慌てて回収したのである。翌週10月21日発売ならば、回収することもなかっただけに、まったく驚くべき「偶然」といわざるをえまい。

ヤクザがタイムスリップするという設定が受け、ドラマ化もされた

DATA●『代紋TAKE2』／作画・渡辺潤、原作・木内一雅。講談社『ヤングマガジン』1990年2月19日号〜2004年8月30日号連載

日常系「ウルトラマン」で炎上『かっこいいスキヤキ』伝説

取材・文●西本頑司

ウルトラマンをパロって、円谷プロが激怒

ウルトラマンからカツアゲされた……。

そんな希有な事態を引き起こしたのが、漫画『かっこいいスキヤキ』だ。原作を久住昌之、作画を泉晴紀が担当する、「泉昌之」名義で数々の傑作を生み出してきたコンビによる作品で、2人の代表作ともいえる。

独特のセンスが光る『かっこいいスキヤキ』のなかでも、とりわけ評判がよかったのがウルトラマンを扱ったパート。なんと、四畳半のボロアパートで暮らすウルトラマンの日常生活を描いたのだ。これがうけて『かっこいいスキヤキ』の単行本は、1983年の発売以降、足かけ3年で10万部近く売れていたという。

この時代、青林堂の漫画雑誌『ガロ』の実売は3000部、そんなドマイナー誌ならば関係者に気づかれることもないだろうが、さすがに10万部も売れれば、円谷プロ

の目に留まる。無許可で勝手にキャラクターを使っていた以上、正義はウルトラマンにある。単行本が10万部売れているとすれば、著者印税はおよそ1000万円。そこで円谷プロは「許諾料」として1000万円を青林堂に要求したのだ。

まあ、正当な「カツアゲ」＝「著作権使用料請求」なのだが、そこは水木しげるをして「貧乏神」と言わしめた青林堂が相手。蓋を開けてみれば『かっこいいスキヤキ』に関する原稿料は雑誌の現物支給、印税はページ換算で「3万円」というひどい有様だった。つまり100万円など支払えるわけがないというのだ。これに円谷プロはぶち切れ、「今後一切、載せるな」と脅し、出版社も著者もカネを払うぐらいなら喜んで載せませんよ、と返答して騒動は終息した。

こうして『かっこいいスキヤキ』はウルトラマンのパートのみがお蔵入りとなった。

1986年といえば、円谷プロは経営破綻寸前で苦しんでいた時期。こういう事情もあって、藁にもすがる思いで現金を回収にいったようだが、その相手が「貧乏神」ではどうしようもなかったのだ。

弁当のおかずを食べる順番など日常のささいなことを描いたギャグ漫画。短編集の形を取っている

DATA●『かっこいいスキヤキ』／作：泉昌之。青林堂、1983年刊行

『カメレオン』の「メーテル」下ネタに松本零士が激怒！

取材・文●平山賢司

『銀河鉄道999』を茶化して謝罪文掲載

１９９０年から、約10年にわたり『週刊少年マガジン』で連載されたヤンキー漫画『カメレオン』は、チビでケンカの弱い矢沢栄作が、ハッタリだけを武器にして、曲者揃いの不良たちに勝利して成り上がる様を描いた物語だ。

この作品が人気を博した秘密の一つはヤンキーとのケンカ描写の合間に挿入される「精か子か！　性器の対決（生か死か！　世紀の対決）」といった下ネタを絡めたダジャレや、特撮・アニメなどをパロディにしたギャグシーンだ。

様々なネタを盛り込んで読者を喜ばせた作品だったが、そのサービス精神が仇《あだ》となって、単行本未収録のエピソードが存在する。

それは、登場人物の相沢直樹と坂本昌明が松本零士の『銀河鉄道９９９』の鉄郎とメーテルのコスプレをするエピソード（１９９７年7月30日号・第３２２話「ＹＡＺＡＷ

A・友情物語」）だ。問題になったのは鉄郎に扮した坂本が、メーテルのコスプレをした相沢の美しさに興奮してしまい、自分の股間を彼に触らせて、「メ、メーテル　ボクの戦士の銃はもうコチコチだよ〜」と下ネタを炸裂させる場面。

この話の存在を知った松本零士は激怒して、講談社と『カメレオン』作者の加瀬あつしにクレームを入れたという。

その結果、翌週の『週刊少年マガジン』にはお詫びの文面が掲載され、このエピソードは、単行本には未収録になってしまった。

ちなみに、この回では、弱味を握られた相沢がアニメショップの店頭に飾ってあるエヴァ初号機の立て看板を引き抜いて盗んでくるように命令される場面がある。看板の裏面にはセーラームーンが描かれており、店内の客からは相沢がセーラームーンに腰を振ってるようにしか見えないというギャグシーンもあるのだが、こちらは問題にならなかったようだ。

ヤンキー漫画とギャグが融合。高校生を中心に人気を集めた

パロディネタを連発して感覚が麻痺していたとはいえ、相手は歌詞の盗作問題で槇原敬之と騒動を起こしたこともある松本零士。その彼の作品を軽はずみに扱ってしまったことは、編集部と作者の判断ミスだった。

DATA●『カメレオン』／作：加瀬あつし。講談社『週刊少年マガジン』１９９０年４月11日号〜２０００年２月16日号連載

1981年まで『少年キング』で連載。松本零士ブームを起こした

『聖闘士星矢』完全版で消された「のりピー語」の謎

取材・文●平山賢司

敵キャラクターが「のりピー語」を連発！

星座をモチーフにした聖衣《クロス》を身にまとい、戦いの女神・アテナと地上の平和を守るために邪悪と戦う聖闘士《セイント》たちの活躍を描いた漫画『聖闘士星矢』。1986年、『週刊少年ジャンプ』で連載が開始されるやいなや、大人気を博した。

この作品に、現在では封印された「小ネタ」が存在していることをご存じだろうか。

それはジャンプコミックスの第19巻。ここに収録されたエピソードに、酒井法子が使用していた「のりピー語」を登場人物が話している描写があったのだ。同巻に登場する敵キャラクター・蟹座のデスマスクが、主人公のペガサスの星矢との戦闘時に「P！　P！」「マンモス哀れなヤツ!!」と発言したり、天秤座の童虎が登場時に、「そ〜れ、FIGHT！」「やっピー！」としゃべったりする箇所がある。

だが、その後に発売された文庫版や完全版などでは、これらのセリフは別の言葉に差し替えられているのだ。ちなみに、前述の「マンモス哀れなヤツ!!」というセリフは現在購入可能な書籍では「宇宙的に憐れなヤツ!!」となっている。修正処置が行われた文庫版・完全版の発売は、酒井法子の逮捕前だったので、その理由は不明だ。

また、セリフではないが、同巻にはアンドロメダ瞬の部屋に、のりピーのイラストが表紙に描かれている本が存在している場面も確認できるのだが、こちらには手は加えられておらず、現在でも閲覧可能だ。

２０１６年2月に酒井法子が出演した台湾の音楽イベントには、多くのファンが駆けつけた。海外では現在も酒井の人気は高く、もしかしたら、今後外国で出版される『聖闘士星矢』の単行本では、のりピー語を話す聖闘士の敵キャラを再び見れるかもしれない!?

要所要所に挟まれた「のりピー語」の小ネタ。作者は酒井法子ファンだったのだろうか？

DATA●『聖闘士星矢』／作：車田正美。集英社『週刊少年ジャンプ』1986年1月1日号〜1990年11月19日号連載

『国が燃える』南京大虐殺で燃えるどころか大炎上で終了

取材・文●西本頑司

集英社に1日20件以上のクレームが殺到

燃えるどころか〝大炎上〟したのが、本宮ひろ志作の『国が燃える』であろう。２００２年から『週刊ヤングジャンプ』で連載を開始した漫画で、内容は日中戦争から満州国建国、その崩壊までを描くという、本宮が得意とする歴史漫画である。満州を中心に日本の近現代史を扱う以上、当然、日中戦争が大きなテーマとなる。連載から約2年が経った２００４年9月、87話まで進んだとき、旧日本軍による南京占領、「南京事件」を取り上げた。ここで問題が起こる。いわゆる「南京大虐殺」を史実として扱い、旧日本軍の残虐な虐殺行為をこれでもか、と描いてしまったからである。

南京大虐殺問題は、現在でも日中間ではナーバスな政治課題であり、国内でも虐殺があったのかどうかで保守層とリベラル層が激しく論戦を繰り広げている。これに本宮ひろ志は、「虐殺があった」として描いてしまった。当然、「虐殺否定派」は猛反発、集英社に1日20件以上のクレームが殺到した。抗議は「嘘を描くな」「本宮ひろ志は間違った資料を使い、誤った認識を読者に植え付けた」など激しい内容で、これに一部地方議員も同調、一般メディアまでが取り上げる騒ぎへと発展する。

事態を重くみた集英社とヤングジャンプ編集部は、「不適切と指摘された個所は検討を重ね、適切な処置と読者への経過説明をする」とコメント、さらに「描写の参考にした写真は『ねつ造された』との指摘もある。そういう資料を使ったのは不適切だった」として、『国が燃える』の休載を発表。さらに『ヤングジャンプ』本誌でも2ページにわたって同様の声明文を掲載、問題箇所となった21ページ分を単行本には収録しない旨を伝え、騒動の鎮静化を図った。ここまでミソがつけば、連載再開後も人気は上昇せず、3カ月後となる05年1月に終了。「国が燃える」どころか、「漫画が炎上」してしまったわけだ。

とはいえ、逆に南京大虐殺がなかったと描けば、今度はリベラル層、ヘタをすれば中国政府からクレームが来るだけのこと。一方で、ノンフィクションではなく、創作として描いている以上、著者の判断に委ねられるべきという擁護の声も少なくない。

では、本宮ひろ志は、どうすればよかったのか。単にごまかして扱わなければよかったのだろうか。

「南京大虐殺」を描いたのは物語が盛り上がるから!?

その意味でこの騒動は、抗議した側が「本宮ひろ志」という漫画家を過大評価している点に問題があった。彼が漫画というツールを使って自分の歴史認識を読者に伝えようとしている、そう勘違いしたことが間違いの元だったのである。

本宮ひろ志の自伝的エッセイ『天然まんが家』（集英社文庫・2001年）によれば「設定を考えて登場人物を配して、あとはアシスタントに任せて描かせるということもよくやる」とプロデューサー的立ち位置に徹しているとも取れる発言もある。「目だけ描く漫画家」という都市伝説もあながち間違っておらず、本宮作品が多産なのは、彼のプロダクション（サード・ライン）が、『ゴルゴ13』のさいとうプロ同様、業界屈指の規模を誇っているからなのだ。

あくまでもプロデューサーとして大まかなプロットをつくっているだけだとすれば、なぜ、「南京大虐殺」を描いたのかも理解できよう。物語としては、そのほうが断然、盛り上がるからである。日本が戦争に負ける以上、その負けに意味を持たせるには「因果応報」、ひどいことを繰り返してきたという構図が、漫画としてわかりやすい。ゆえに本宮ひろ志はプロデューサーとして、そちらを選んだのではないか。彼自身に確固たる歴史認識や政治信条があって選択したわけではないのだろう。

同じく「南京大虐殺」を掲載した『ヤングジャンプ』編集部、集英社にも「漫画家の表現を大切にしたい」という信念はなかったのだろう。本宮ひろ志は長年、「ジャンプブランド」のアイコンの役目を果たしてきた。固定ファンによって一定の部数が必ず期待できる。プロダクション制なので安定した供給力を持ち、本宮自身が編集者的役割もこなす。編集部、出版社としては、非常にありがたい存在なのだ。作家と編集部というより、取引企業との関係に近いのだろう。その証拠に、この騒動で編集部による強引な削除や単行本未収録、連載中止などで揉めることはなかった。その関係は非常にビジネスライクなのである。

本宮漫画は「ノリ」「勢い」「わかりやすさ」が信条。南京大虐殺をいわば「抗日ドラマ」のノリで楽しめばよかったのだ。今後、単行本に再掲載されることを期待したい。

いまだに存否とその規模に関する論争が尽きない「南京大虐殺」という題材を大胆にも扱った

DATA●『国が燃える』／作：本宮ひろ志。集英社『ヤングジャンプ』2002年11月21日号〜2005年2月10日号連載

著作権法違反、事実誤認、法改正、悪書追放運動、名誉毀損……

こうして漫画は封印される！

取材・文●西本頑司

連載の〝多忙さ〟に負け、資料写真を丸写し!?

「封印した」のか。「封印された」のか。消えた漫画には、この二通りがある。

作者自ら、あるいは出版社が「封印する」場合、それなりの理由が存在する。

まずは著作権法違反。いわゆる「パクリ」は明らかな犯罪だ。発覚すれば修正および削除、悪質な場合は絶版となって「消える」。昨今は権利意識が高まったこともあり、さすがに他者のキャラを丸パクリするケースは減っているが、そのかわりに増えているのが「トレース」（模写）であろう。

作画・池上遼一の『信長』では、1990年に新府城の絵を工業デザイナーによる復元図そのままに描き、訴訟となった。他にも映画『影武者』などをトレースしていたこともわかり、最終的には、すべて描き直して再販するまで、実に13年間封印になった。

歴史や軍事、マイナースポーツなど特殊な舞台設定の場合、どうしても資料が限定され、背景を描く専門のアシスタントも少ない。忙しい連載ゆえに、資料写真を丸写しするケースは後を絶たず、たびたび、発覚しては騒動となっている。

間違った「知識」も同様だ。現在では日本精神神経学会が自主規制しているロボトミー手術を、あたかも効果のある方法のように描いた手塚治虫の『ブラック・ジャック』はお蔵入り、自閉症に関して誤った知識を指摘された二ノ宮知子の『天才ファミリー・カンパニー』は即座に単行本で修正した。本人たちも納得して「封印した」ことだろう。

描いた時期には「合法」が、法改正で非合法に

「封印する」パターンでつくり手に悪意がないケースでは法改正がある。

漫画業界は性描写や暴力描写に関して何度も規制が強化されてきた。最近では、２０１４年、東京都の「青少年健全育成条例」のガイドラインが２０１０年に見直された結果、次々と過去の作品が条例に抵触するとして、消えることになった。描いた時期には「合法」だった作品が、法改正で非合法になる。作者存命で修正できるものはいいが、亡くなっている場合、絶版にするしかない。「表現の自由」と反論したところで多くの子供たちが読む少年漫画の場合、やはりいきすぎた表現は許されまい。こ

のあたりは、致し方ないといったところだろう。

もう一つ、近年、難しい問題を起こしているのが「権利管理団体」。戦後直後から活躍した漫画家の多くは、すでに鬼籍に入り、その版権は親族に移行している場合が多い。それで権利関係がやたらと厳しくなっているのだ。

たとえば、水木しげるの1966年発表の「太郎稲荷」という短編（『「忍法秘話」掲載作品全』収録）が、SF作家・星新一の短編「福の神」をパクったとして一時は絶版になった。しかし水木しげる自身が謝罪したことで和解した。作家にせよ、出版社にせよ、程度の差こそあれ〝模倣〟はやっている分、作者や会社で話し合えばなんとか穏便に済ませることもできる。しかし、権利が親族に移れば、当人同士での解決ができない。実際、2015年、日本文芸社の『のぞえもん』（藤崎ひかり）は、『ドラえもん』を模倣しているとして単行本は回収、連載も中止になった。このケースも藤子・F・不二雄が存命ならば、ここまで厳しい対応にはならなかったかもしれない。

あとは特定の団体や組織に対する露骨な利益誘導。あるいは誤った認識で特定の組織、個人への一方的な非難や誹謗中傷。これらが名誉毀損の対象となるのは一般雑誌と変わらないが、漫画の場合、雑誌掲載後に単行本化する。それゆえに「修正」や「削除」という作業が必要となり、「封印」のイメージが強まるのだ。

ちなみに、2016年に25年ぶりの優勝をした広島東洋カープには、こんなタブーネタがある。1988年、地元広島で発行するファン雑誌『月刊ザ・カープ』の4コマ漫画に「カープにもドームがほしい」というファンに、別なファンが「わしらには原爆ドームがある」と反論した次のコマで、キノコ雲、ファンがガイコツになるという驚くべき内容を掲載したが、次号に短い謝罪文を掲載しただけで、その後、何事もなく雑誌は続いていた。

封印作品は〝有名税〟としての要素も大きいのである。

主婦中心の悪書追放運動で「魔女狩り」さながらのクレーム

納得できるかどうかは別にして、正当な理由があれば、修正、削除、絶版にも一定の理解を示すことができる。問題は、どう考えても不当な理由で「封印される」作品だ。

戦後、躍進した漫画は、常にバッシングの対象となってきた。それが「有害図書」指定であり、その活動の中心にいたのが主婦たちである。

実際、1955年から巻き起こった悪書追放運動には、手塚治虫を筆頭に、多くの大御所たちがひどい目に遭ってきた。最も有名なのが永井豪の『ハレンチ学園』だが、まさに「魔女狩り」の勢いで表現や内容にクレームをつけ、出版社や漫画家たちを悩ませてきた。

単純に子を思う親ゆえの行動力だけではあるまい。結婚して専業主婦となり、社会との接点が減るなか、この悪書追放運動は主婦たちにとって最も身近な「社会貢献」活動という側面があったからである。しかも人権やフェミニズム（女性権利運動）とも連動しており、夫を「ご主人」と呼ぶシーンにさえ「妻を奴隷に見ている」とクレームをつけてくる。こうして、婦人警官は女性差別だから「女性警官」と呼べ、看護婦は「看護師」と修正しろ、と要求する。言い分自体は否定しにくいために出版社側は修正に応じざるを得ない。主婦たちにすれば、達成感のある活動ゆえ、のめり込みやすかったのだ。

「差別を助長する表現」と抗議されると反論できない

それに目をつけたのが労働組合だった。事実、日教組の影響もあって、この運動には教師たちもこぞって参戦する。１９９０年、『週刊少年ジャンプ』で連載していた『燃える！お兄さん』で、用務員をバカにした表現があるとして大騒ぎとなり、掲載誌が回収される事態になった。これ以外にも「用務員さん」ネタは少しでも悪く描くと即座にクレームが入り、漫画界では「タブー」扱いとなっている。学校を舞台にすれば、登場するのは生徒、先生に用務員しかいない。ギャグ漫画ならば多少、からかうのも仕方ないのに、これほどうるさいのは、「教師自身が用務員を差別しているから」という業界ジョークもあるぐらいだ。

こうした「草の根」の人権活動は正義感に基づくだけに実にやっかいで、絵本『ちびくろサンボ』や、藤子アニメの『ジャングル黒べえ』を一時、封印したほど。この活動をした「黒人差別をなくす会」は家族3人で始めた組織だった。

結果論だが、こうした経験を積み重ねることで昨今は出版社側も簡単に「封印」することなく、「但し書き」などで対処するようになっている。

問題は、本当に差別を受けてきた、部落や在日、障がい者団体からの抗議である。「差別を助長する表現」と抗議を受けてしまえば、反論のしようがないのだ。結果、出版社は、言われるままに修正、削除、絶版に応じ、漫画家も過敏なまでに自主規制するようになった。

今の漫画には、これらの「差別」的な表現は見当たらない。しかし、差別がなくなったのではなく、差別を隠しているにすぎず、今の子供たちは差別を「しない」のではなく、差別を「知らない」だけなのだ。

昔の子供たちが読んでいた漫画には「差別」があふれていた。そうして子供たちは、その差別が「不当」と知り、悪いことだと学んできた。その機会を失うことが果

原作は工藤かずや。信長の生涯が史実に忠実に描かれた

たしていいのか。封印漫画を通じて、今一度、考え直すべきではないだろうか。

1999年には『あぶない放課後』としてドラマ化もされている

「幼女型ロボット」や「四次元ランドセル」といった設定が『ドラえもん』と類似

現在では『原作・星新一「福の神」』と作品内に明記したうえで所収されている

1968～1972年に『週刊少年ジャンプ』で連載。性描写にクレームが多数届いた

東日本大震災と〝放送禁止〟

適切か？　過剰か？
自粛が生んだ封印作品たち

取材・文●金崎将敬

津波、水攻め、原発問題で上映中止、放送中止に

未曾有の大災害となった２０１１年3月11日の東日本大震災発生時は、社会全体を自粛ムードが包み込み、多くの作品が封印されることになった。

映画では、公開中だったクリント・イーストウッド監督『ヒア アフター』が、劇中で主人公の女性が津波に飲まれて臨死体験するシーンがあったため、3月14日限りで上映中止（のちに配給のワーナーブラザースは、DVD売り上げの一部を義援金として寄付）。

また、60万人以上が犠牲になったとみられる１９７６年の唐山地震を描いた中国の大作『唐山大地震』（２０１０年）が3月26日に公開を控えていたが急遽延期となった。

同作は中国国内で歴代最高興行記録を樹立した話題作で、地震で悲劇的な運命をたど

る家族の32年間を追うという被災者の心情に重きを置いた内容だったが、いかんせんタイミングが悪かったというべきか（２０１５年3月14日に公開）。

邦画では、9月に公開予定だった『のぼうの城』が、水攻めのシーンがあるために1年ほど延期され、人間が水に飲み込まれる描写がカットされた。

また、衛星放送やケーブルテレビでも、多くの映画が放送中止となった。

韓国で１１５０万人を動員したパニック映画『ＴＳＵＮＡＭＩ－ツナミ』（２００９年）は、２０１１年4月にＷＯＷＯＷでＴＶ初放送を予定していたが中止。日本で大地震が発生して対馬が沈み、その影響で高さ１００メートル、時速８００キロのメガ津波が釜山の海岸リゾートを襲うという、どことなく反日感情が漂うストーリー。原題は『海雲台』で、直球のタイトルは日本で売り出すためにつけられたものだが、同名のサザンの歌が長らく封印されたことを考えると、公開されていればクレームは必至だったろう。

マット・デイモン主演。日本での公開は1カ月未満で打ち切りに

また、日本映画専門チャンネルでは、原発問題に切り込んだ問題作の放送が中止されている。

黒木和雄監督の『原子力戦争』（1978年）だ。

原田芳雄が演じる青年ヤクザが、心中したとされる元恋人の死の真相を追ううち、町の原発利権争いに巻き込まれるというストーリー。

原作は、田原総一朗が執筆した同名ドキュメンタリー小説。これを執筆したことで、田原は大手広告主からにらまれ、当時在籍していた東京12チャンネル（現・テレビ東京）を去ることになったという。

映画はほぼオリジナルストーリーだったものの、いわくつきの小説を原作としただけあって、演出も過激だった。

原田芳雄が福島第一原発に入場を試みるゲリラ撮影のシーンがあるのだ。

警備員がカメラマンに撮影中止を要求するなか、素肌にジャンパー、歩きタバコで入場を試みる原田。セリフはアドリブだったのだ

全世界が泣いた!
引き裂かれた絆――今、32年の時を経て再び重なりあう、家族の"運命"
一瞬にして全てを奪った大地震
そして気づいた、ある大切なもの――。
唐山《とうざん》大地震
――想い続けた32年――

中国初のIMAX映画。日本での公開は2015年にまで延期された

ろう。警備員が原田の入場を制止すると、「ここから入っちゃいけないの?」「(施設を指差し)でっかいねえ」など、世間話風の話題でごまかしている。現場の緊迫感をひしひしと感じさせるシーンだ。

なお、この放送中止となった『原子力戦争』だが、2011年末にDVDソフト化。田原の著書も、ちくま文庫で復刊した。

たしかに、福島の原発事故で原発の安全性が議論されていた当時、本作の放送は高い注目度があったと思われる。配慮の対象は、被災者ではなく、原発利権企業と関係を持つスポンサーや株主だったのだろうか?

原発利権の闇を暴くヤクザ漫画が連載中断に

漫画でも、震災で中断した作品がある。『漫画ゴラク』(日本文芸社)の『白竜』は、2011年2月から「原子力マフィア編」の連載が始まった。

舞台は新潟にある原発誘致で発展した街。この街の原発作業員が大量被ばくしたとい

和田竜による歴史小説の映画化作品。公開は2012年に延期された

う噂を聞いた暴力団黒須組の若頭・白竜は、シノギの匂いを感じて調査を始める。

原発を推進する東都電力は、白竜の動きを察知し、情報統制を指示。白竜の宿泊先を探させるなど、要注意人物としてマークする。

その最中、白竜は、この街の原発の問題を調べる新聞記者・光元と出会い、旧式の設備や、ひどいピンハネで発注された下請けによる欠陥だらけの工事など、原発内部の劣悪な状況を知る。

「これではチェルノブイリ並みの事故が起きる」

そう危惧する光元だが、あくまで問題の解決でなく、シノギにつなげようとする白竜とは折り合わずに決別する……。

ここまで進んだ段階で、震災が発生し、実際に福島第一原発事故が起きた。

まさに、漫画の指摘が的中してしまったわけだ。

福島第一原発で最初の水素爆発が起きた2日後の3月14日、日本文芸社は「読者がエン

韓国映画『TSUNAMI－ツナミ』。日本でも2010年9月に劇場公開がされたが、2011年のテレビ初放送は震災に阻まれた

ターテイメントとして楽しめる状況ではない」として、3月18日発売の号を最後に、「原子力マフィア編」の中断を決定した。

その号のストーリーは、光元が東都電力の意を受けた刑事に殺害されてしまう急展開。佳境に入る手前で中断し、翌週からは、次のテーマでの連載が始まったのだった。

福島原発事故の実態が明らかになるにつれ、「原子力マフィア編」における原発の描写は、「内部に関係者がいたのではないか？」という憶測が生まれるほど詳細なものであったため、再開を望む声が日増しに増えていったのも事実だ。

その後、「原子力マフィア編」が再開したのは、2013年9月12日号。実に2年半もの月日がかかった。

待ち望んだ読者は、さらに驚愕することになる。

白竜は、東都電力に不正の証拠を見せ、隠匿するのと引き換えに100億円を送金させる。

だが、白竜はその約束を守ることなく、光

放射能漏れ事故と福島第一原発への突入が問題視された

元記者の遺志を継いでマスコミにすべてを暴露。大スキャンダルとして報じられるのだった。

そして、ストーリーはここで終わらない。

突然、新潟を震源とする大地震が発生し、原発敷地内に多数の地割れが発生。巨大な津波が押し寄せ、施設をまるごと飲み込んでしまうという衝撃的な結末だった。

「原子力マフィア編」最終話掲載の『漫画ゴラク』の記事によれば、このストーリーは、連載中断当時からすでにできあがっていたという。まさに、〝完全〟ともいえる予言的作品だったことが明らかになったのだ。

出版社は、この展開を知っているからこそ、連載中断に踏み切ったのではないか。

糾弾を恐れるあまり過剰な自粛が生まれる

震災では多くの作品が中断や修正、封印に追い込まれ、それ以前からも、大事件や大災害のたびに、自粛措置を取るのが恒例となってきた。

だが、もはやあら探しの域に達していると思われるケースが出ている。

2016年4月に発生した熊本地震。ガスや水道、電気がストップし、8000戸もの住宅が全壊。避難者は最大時18万人にのぼる大災害となった。

そんななか、地震発生直後、笑顔で映る画像をSNSにアップした女優が「不謹慎」だとしてバッシングを受け、画像を削除する騒動が起きたのだ。

その他、多くの芸能人がネット上で熊本地震関連の発言をするたび、揚げ足を取るかのように「災害をアピールに使うな」などと批判する声があがり、謝罪に至るような例が数多くあった。

非常時に「不謹慎」をあら探しする風潮は、今に始まったことではない。反戦を唱えれば非国民と罵られた戦時中は、その最たるものといえよう。

「不謹慎」と糾弾されることを恐れた結果、生まれるものは過剰なまでの自粛である。その根底には、正論をかざすフリをして、その実、ただの憂さ晴らしで誰かを袋叩きするこ とを好む、日本人の暗部があるのかもしれない。

原発事故を予測していたかのようなストーリーで読者を驚かせた『白竜』

第4章 映画「封印」のナゾ

コンクリート

ザザンボ
ZAZANBO

人間革命
9月8日(土)ロードショー

ガキ帝国
悪たれ戦争

伊丹十三製作総指揮
スウィートホーム
TOHO VIDEO

江戸川乱歩全集
恐怖奇形人間

テロリスト賛美が問題に!? 『日本暗殺秘録』の永き封印

取材・文●金崎将敬

暗殺シーンは血しぶきが飛び散る過激なスプラッター描写

「暗殺は、是か!? 否か!?」と、いきなりものスゴい二択を迫られるキャッチコピーから尋常でない雰囲気を漂わせる1969年公開の『日本暗殺秘録』。幕末の「桜田門外の変」から「紀尾井坂の変」「大隈重信襲撃」「星亨暗殺事件」「安田善次郎暗殺事件」「ギロチン社事件」「血盟団事件」「二・二六事件」まで、日本の歴史に影を落とした暗殺事件を描いた実録オムニバス作品だ。『にっぽん'69セックス猟奇地帯』でヒットを飛ばした中島貞夫監督が「エロの次はテロ」とばかりに、血しぶきが飛び散る過激なスプラッター描写を取り込みながら、暗殺シーンを再現していく。

　とくに力を入れて描かれるのが、千葉真一が主犯の小沼正《おぬましょう》を演じた血盟団事件。一人の純粋な青年が、やがて暗殺に至るまでの心情の変化を丹念に描写。脚本を担当した笠原和夫は、実際に小沼本人にも取材をし、権力や財閥を敵に回して民衆のために立ち上がるテロリストを賛美するようなテイストになっている。

学生運動が盛んだった時代に公開されたヒット作であり、若山富三郎、菅原文太、高倉健、鶴田浩二、片岡千恵蔵など、オールスターが集結した超大作でもあるのだが、なぜか40年以上、一向にソフト化がされず、封印されてしまった。その理由として、テロリストを正当化するような視点で描かれていることや、本編のクライマックスで二・二六事件で死刑に処された陸軍将校たちが「天皇陛下、万歳！」と叫びながら殺されていく描写が問題となったなど、様々な説が噂された。

のちに、制作前に自民党の議員から中止を迫る圧力を受けていたことや、明治天皇の暗殺を目論んだ大逆事件も盛り込もうとしていたことも判明し、ますます封印解除は難しいとされていたが、２０１１年にＤＶＤ化が実現、無事に発売された。世界的にテロが頻発し、ますます混沌さを増した現代だからこそ、さらに意味が深まってしまう作品ではある。

2011年、40年越しのソフト化が実現した

DATA●『日本暗殺秘録』／公開：1969年10月15日。監督：中島貞夫。配給：東映。出演者：千葉真一、片岡千恵蔵、田宮二郎ほか

異形が蠢き、差別が飛び交う幻の怪作『恐怖奇形人間』

取材・文●金崎将敬

「異常性愛路線」作品として、奇才・石井輝男が監督

日本映画史上に燦然と輝くカルト作品であり、公開時から現在に至るまで、独自の存在感を発揮し続けているという希有な作品だ。すでにタイトルの時点で放送禁止を食らいそうだが、映画の中身もせむし男や異形の者たちが蠢《うごめ》き、「きちがい」「かたわ」「裏日本」など、放送コードに抵触するセリフが飛び交うため、現在までテレビ放送も国内ソフト化もされていない。

東映の「異常性愛路線」の一作として企画され、監督は奇才・石井輝男が抜擢された。クレジットには江戸川乱歩の『パノラマ島奇談』が原作とされているが、実際には別の長編である『孤島の鬼』をベースに、『屋根裏の散歩者』『人間椅子』などの江戸川乱歩の著作がモチーフとして使われている。

公開当時はあまり話題にならなかったが、徐々に幻の怪作として映画マニアの間で

語られるようになり、各地の名画座などでは定番作として断続的に上映されてきた。熱心なファンや、サブカル好きな若者は、こうした上映館につめかけ、その異様な世界観を堪能。とくにラストの「おかーさーん！」の絶叫とともに展開する人間花火は強烈で、この常軌を逸した光景に脳がリアクションを取れず、思わず爆笑してしまった観客は多かったという。

1993年、東映ビデオからソフト化の告知がなされたものの直前に中止。そのサンプル版がコピーされ、裏ビデオとして出回り、こちらで視聴したというファンも多い。2007年には、アメリカのメーカーから『Horrors of Malformed Men』というタイトルで、ついにDVD化が実現。

画質もよく、特典映像も満載で日本からもネット通販で買い求める人が殺到した。日本での封印だけはいまだ解けていないが、今もカルト映画ファンの通過儀礼的作品として多くのファンを惹き付けている。

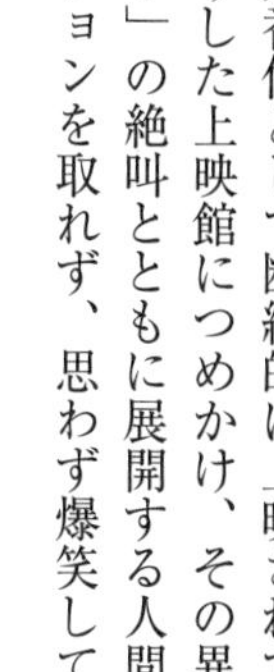

セックスシーンは少なめだが、その物語と映像の異様さから成人指定作品となっていた

DATA●『江戸川乱歩全集　恐怖奇形人間』／公開：1969年10月19日。監督：石井輝男。配給：東映。出演者：吉田輝雄、由美てる子、土方巽ほか

タイトルでNG『混血児リカ』差別、エロ、暴力で完全封印

取材・文●金崎将敬

母親が米兵に輪姦されて生まれ、16歳で母親の愛人にレイプ

彫師であり、劇画家としても活躍した凡天太郎が『週刊明星』に連載していた『不良少女伝　混血児リカ』という作品を実写映画化。主人公のリカは母親が米兵に輪姦されて生まれた混血児で、そのリカも16歳のときに母親の愛人にレイプされる、というういきなりハードな展開。やがてリカは鑑別所に送られ、そこで出会った少女たちと人身売買組織をつくったり、ヤクザとケンカしたり、踊り子になったりと、突拍子のないストーリーがエロとバイオレンスに彩られながら展開する。

監督は中平康、脚本はなんと新藤兼人。主人公のリカを演じたのは、この作品でデビューを果たした青木リカ。まさに『混血児リカ』そのもののキャラクターで、大胆なヌードを披露しながらアクションにも挑戦。ぶっきらぼうなセリフ回しに加え、歌詞がものすごい主題歌も堂々と歌い上げて売り出しがかけられた。

作品はそれなりの人気を獲得し、映画は続編『混血児リカ　ひとりゆくさすらい旅』、『混血児リカ　ハマぐれ子守唄』と全3作もつくられたが、青木リカはそのまま芸能界からフェードアウト。映画もソフト化されることもなく、封印されてしまった。

タイトルに入ってしまっている「混血児」という表現が放送コードに引っかかるうえ、差別描写が満載なのが現在までソフト化されていない理由だろう。しかし、アメリカでは70年代邦画ピンキーバイオレンスの代表作として捉えられ、3部作がトリロジーパックとしてDVD化されている。

日本での発売も期待されたが、現在でもまったくそのような話はナシ。この作品が、不良性感度の高い作品を多く制作していた東映ではなく、どちらかといえばマイルドな作風が多かった東宝によるもの、という点も封印された事情に関連しているのかもしれない。

海外では『Rica Trilogy』として販売されている

DATA●『混血児リカ』／公開：1972年11月26日。監督：中平康。配給：東宝。出演者：青木リカ、長本和子、佐藤文紀ほか

創価学会映画『人間革命』 〝学会員以外、鑑賞困難〟の謎

取材・文●金崎将敬

布教に繋がるということでテレビ放送は1回もなし

『人間革命』は創価学会の草創期のエピソードをドラマティックに実写映画化した作品である。制作・田中友幸、監督・舛田利雄、脚本・橋本忍、特技監督・中野昭慶、音楽・伊福部昭と東宝の主力スタッフが集結し、キャストも丹波哲郎、芦田伸介、新珠三千代に渡哲也、仲代達矢などオールスターが勢揃いを果たし、1973年に公開されて大ヒットを記録した。

映画としての完成度は高いと評価されており、人気もある作品なのだが、内容的に創価学会の布教に繋がるということで、テレビ放送は1回もされていない（2018年にCSで放送）。ビデオソフトは映画制作にも協力した創価学会系の映像制作会社・シナノ企画からリリースされたことがあったが、廃盤となった。これは、劇中に報道写真を大量に使用しており、その権利者から許諾を取っていないためとされた。

これにより学会員にとっても幻の作品となり、上映会や鑑賞会でしか観ることができなくなっていたが、権利関係がクリアされたのか2006年にシナノ企画からDVD版が発売された。このDVDは一般のショップではなかなか手に入れることが難しく、現在でもAmazonなどでは数万円のプレミア価格がつけられていることが多い。しかし、学会本部信濃町にある書店や創価学会系の通販サイトでは普通に定価販売（4937円）が行われているという不思議な現象が起こっており、封印とまではいかないが、なんらかのベールに包まれているような状態となっている。

1976年に公開された続編『続・人間革命』も同様に未ソフト化が続いていたが、こちらも2006年にDVD化されている。

創価学会オンラインショップではアニメ版も販売。映画としての完成度が高いというが、定価で入手するには信濃町に行くしかない

DATA●『人間革命』／公開：1973年10月6日。監督：舛田利雄。配給：東宝。出演者：丹波哲郎、芦田伸介、新珠三千代ほか

『従軍慰安婦』の封印理由
内容ではなくタイトルが問題

取材・文●西本頑司

明日をも知れぬ兵士と戦地の遊女の悲恋がテーマ

1974年に公開となった『従軍慰安婦』が、ソフト化されることなく封印作品となっているのは、なにも歴史問題が理由ではない。

タイトルとなった「従軍慰安婦」という言葉が原因なのである。

事実、この映画は、いわゆる「強制連行」や韓国人慰安婦を取り上げるといった社会派ではなかった。当時、東映が売り出していた鳴り物入りの若手美人女優の中島ゆたかありきの企画で、1971年にミス・パシフィックで日本代表となった中島のエキゾチックな魅力を存分に発揮させるべく慰安婦を演じさせたにすぎない。明日をも知れぬ兵士と、戦地の遊女の悲恋がテーマ。その証拠に、脚本には『網走番外地』シリーズや東映ポルノ路線を手がけていた石井輝男を起用している。繰り返すが、映画の内容が問題で封印されているわけではないのだ。

実は「従軍慰安婦」という用語は政府の公式な名称ではない。1973年、『毎日新聞』の記者であったジャーナリストの千田夏光《かこう》が命名して広まった造語。千田の著書『従軍慰安婦〝声なき女〟八万人の告発』（双葉社）は、この映画の原作にもなっている。この著書がのちの従軍慰安婦問題を引き起こしていくわけだが、発表当時は、タイトルのキャッチさが話題となった。たしかに従軍カメラマン、従軍看護婦に比べ、「従軍と慰安婦」のミスマッチ感によるインパクトは大きく、文句なしのタイトルといえよう。

当然、東映も「従軍慰安婦」という言葉を使いたかった。そのため千田夏光から映像化権を買い取ったにすぎず、別に著書の中身はどうでもよかったのだ。

とはいえ、1985年以降、この千田夏光の著作内容は、多くの専門家から間違いが指摘され、2014年、『朝日新聞』が異例の全面撤回をする「吉田証言」のベースともなった。そんな問題作を原作にしている以上、ソフト化すれば保守層からあら

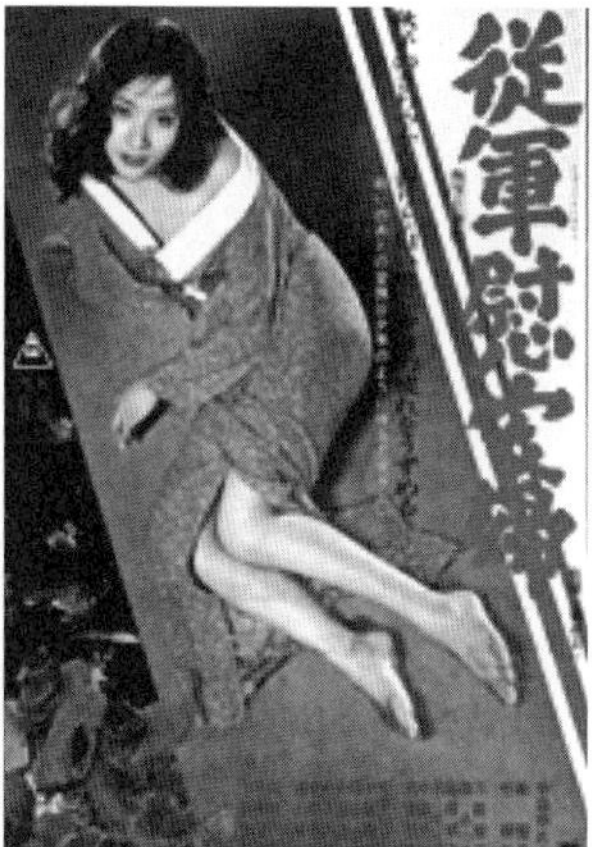

国のために慰安所に残った遊女が出征した恋人と再会する物語

ぬ批判を受けかねないというわけだ。２０１５年、『月刊シナリオ』９月号で『従軍慰安婦』の石井輝男の脚本が掲載になった。千田の著書とは関係ないという、せめてもの意思表示なのかもしれない。

DATA●『従軍慰安婦』／公開：１９７４年7月17日。監督：鷹森立一。配給：東映。出演者：中島ゆたか、緑魔子、叶優子ほか

「従軍慰安婦」の言葉を広めた千田の代表作。日韓の慰安婦問題に与えた影響は大きい

過激すぎた人類滅亡の未来図『ノストラダムスの大予言』

取材・文●金崎将敬

海賊版しか出回っていない、これぞ〝封印映画〟の代表作

１９７４年公開の『ノストラダムスの大予言』は東宝の大作路線映画の一つだった。五島勉のベストセラーで、占星術師のノストラダムスの『予言集』を独自に解釈した『ノストラダムスの大予言』を下敷きに、人類滅亡の未来図を東宝伝統の特撮映像と由美かおるのヌード、そして丹波哲郎の演説で表現したＳＦ超大作だ。

過剰な表現が多発するが、物議を醸したのがニューギニアの原住民が凶暴化して食人鬼と化すシーンや、放射能の影響で異形化した新人類たち。とくに新人類のビジュアルについては上映直後から被ばく者団体などから抗議を受けたが、該当シーンを削除して上映を継続、１９７４年の邦画部門の興行収入2位を記録する大ヒットとなった。

１９８０年に一部のシーンが修正されたバージョンで1度だけテレビ放送され、１９８６年には2カ所のシーンをカットしたビデオとレーザーディスクの発売が告知さ

れたが、東宝社内から反対の声があがり販売中止となってしまう。

　そのまま封印作品となっていたが、1995年にアメリカでビデオとレーザーディスクが発売。これは英語吹き替え版のうえ、修正・編集されたバージョンでオリジナルとは若干異なる作品だった。状況が変わったのは1998年。突如、グリフォン社というメーカーから音声だけを収録したドラマCDが発売され、その後、画面にタイムコードの入った比較的画質のよい海賊版ビデオが出回るようになった。あまりにもタイミングがよく、海賊版流通とグリフォン社との関係性が噂された。

　現在、テレビ放映版、アメリカ版、海賊版と3種類が出回っているとされるが、いまだに正規のソフト化はされていない。近年になってソフト化が実現される作品が多いなか、海賊版しか出回っていないとは、さすが封印映画の代表作というところか。

被ばく者団体から抗議を受けても上映を続け、大ヒットを記録した。東宝の強気の姿勢がうかがえる

DATA●『ノストラダムスの大予言』／公開：1974年8月3日。監督：舛田利雄。配給：東宝。出演者：丹波哲郎、由美かおる、黒沢年男ほか

「この店の肉は猫の肉じゃ！」で『ガキ帝国』続編は上映中止！

取材・文●西本頑司

風評被害を生む過激なセリフでモスバーガーから猛抗議！

最も情けない理由で「お蔵入り」した映画が、井筒和幸監督の『ガキ帝国　悪たれ戦争』（1981年）であろう。

ピンク映画で腕を磨いていた若き井筒は、1981年、念願の一般公開作に進出する。それが『ガキ帝国』（ATG）で、島田紳助や北野誠など関西の若手芸人を起用、昭和40年代の大阪の不良たちを描き、スマッシュヒットした。それに目をつけたのが大手配給会社の東映だった。急遽、2本立て用の作品が必要となり、先の作品で日本映画監督協会新人奨励賞を受賞した井筒にオファーしたのだ。

制作費は、前作の倍となる若手監督作に対しては破格の3000万円。もともと若手芸人を中心に無名の俳優を起用していたこともあり、オファーからわずか3カ月で完成。前作『ガキ帝国』の公開が1981年7月4日、その第2弾『ガキ帝国　悪たれ戦争』は、なんと同年9月12日が公開だったのだ。

にもかかわらず、この映画、公開直後になぜか上映中止となる。

理由は実にお粗末だった。

主役の大阪ヤンキー（趙方豪）がバイトしていた「モスバーガー」で、あろうことか「この店の肉は猫の肉じゃ！」と吐き捨て、大きな石でウインドウをぶち壊すというシーンがあったからだ。これにモスバーガーは猛抗議。モスバーガーは、映画に出る宣伝費と割り切って店舗を休業してロケ用に貸したのだろう。その善意を踏みにじり、とんでもない風評被害をやらかしたのだから、公開中止になるのも当然であった。

このシーンがストーリー上、どうしても必要ならば、架空のバーガー店をつくって制作側が店舗の休業補償を払うのが「常識」だ。そこまでカネをかけられな

主役の趙方豪がハンバーガー屋に関する都市伝説を叫んで大失敗。そろそろカット版のソフト販売くらい許してほしいが……

いなら潔く諦めるべきとなる。公開されて初めて知ったモスバーガーは、問題のシーンの差し替え、カットにも応じず、強硬な態度で上映中止を要求したのだ。かくて『ガキ帝国 悪たれ戦争』は上映中止となり、いまだソフト化もされていない。この当時、井筒監督は30歳。若さゆえの過ちにしては痛すぎる失敗だった。

DATA●『ガキ帝国 悪たれ戦争』／公開：1981年9月12日。監督：井筒和幸。配給：東映。出演者：趙方豪、北野誠、松本良一、川村安子、後藤光春ほかs

石原慎太郎が絶賛した封印作『スパルタの海』の復活劇！

取材・文●金崎将敬

校長の戸塚宏役に伊東四朗、戸塚校長は懲役6年の実刑判決

上之郷利昭のノンフィクション小説『スパルタの海 甦る子供たち』（東京新聞出版局）を原作に、1980年代、非行や不登校から少年たちを救う〝現代の駆け込み寺〟として社会的話題となっていた実在のスパルタ教育私塾「戸塚ヨットスクール」の実態について迫った問題作が、この『スパルタの海』である。

実際にスクールを支援していたという伊東四朗を同校校長の戸塚宏役に据え、話題の真っ最中に映画化されたが、1983年9月の公開を控えた1982年頃から同校に捜査が入り、1983年6月に校長をはじめとした関係者15名が傷害致死で逮捕。訓練生を暴行により死亡させた件に加え、他の訓練生2名が体罰を逃れようとして海に飛び込み死亡したという監禁致死の容疑も加わった（2002年に最高裁で全員の有罪が確定。戸塚は懲役6年の実刑判決）。その報道をきっかけに上映禁止運動も起こり、

映画の公開は大方の予想通りお蔵入りとなった。

主演の伊東も「やって良いものか悪いものなのか疑問だった」と『キネマ旬報』（1983年7月上旬号）で明かしているが、監督の西河克己が不登校の息子を交通事故で亡くした経験もあってか「〝いい映画ですね〟と言われるような映画をつくりたい」と臨んだ意欲作であっただけに、単純に暴力を助長・礼賛する作品ではなかった。

作中では徹底したしごきのシーンが描かれているのはもちろんであるが、暴走する子供たちに手を焼く親たち、そしてその問題の〝丸投げ〟を一手に引き受ける戸塚ヨットスクールという、当時最も過激だった教育現場を丁寧に描いている。

一部の映画評論家や石原慎太郎からは絶賛され、映画作品自体としての力もあり、2005年にはDVDが発売、2007年には特集上映で劇場公開、さらには2011年10月29日からは、28年越しに全国ロードショーが実現した。

主演は伊東四朗。映画を絶賛した石原慎太郎は戸塚ヨットスクールの支援者でもあった

DATA●『スパルタの海』／公開：1983年9月（中止）。監督：西河克己。配給：東宝東和。出演者：伊東四朗、山本みどり、塩屋智章ほか

タブーなき映画監督・渡辺文樹『ザザンボ』他、全作放送禁止！

取材・文●金崎将敬

天皇制、拉致問題、過激な作品の上映会場に抗議団体、圧力団体が

市民ホールでの上映日程が決まると街中にビラを撒き、電柱に貼って告知。ツイッターやホームページを使うという概念は皆無。告知活動からしておよそ現代のエンタメ業界とは無縁のアプローチをみせる映画監督が渡辺文樹だ。

そのメジャーとの〝ズレ〟は作品のテーマにおいても一貫しており、過激な作品群は全作が放送禁止。天皇家の血統に独自の解釈を唱える『天皇伝説』（2008年）、北朝鮮の独裁者の〝糖尿病死亡説〟を唱え拉致問題にまで切り込んだ『金正日』（2011年）、そして2016年は『安倍晋三 CIAにいいなりの男』なる新作と、闇雲ともいえるタブーなテーマばかりを選び、ドキュメンタリーと超低予算劇映画の折衷といえる手法で、監督業はもちろん、ほぼすべての作品で自らが主演を務め、映画制作を続けている。

もちろん、その上映会場に抗議団体、圧力団体が駆けつけることはいたって日常の風景、本人も数度の逮捕歴があるという、日本インディーズ映画界の、知る人ぞ知る巨人である。

そんな渡辺の記念碑的作品の一つが、1992年公開の『ザザンボ』である。「ザザンボ」とは福島県で「葬式」を意味する方言である。1976年12月、福島県田村郡三春町に住む中学3年生の知的障がい児が首吊り自殺をした事件が今作のテーマである。自殺の原因は、窃盗事件を起こした少年が周囲からその罪を咎められ、耐え切れなくなったことにあるとされていた。しかし、当時、福島大学の映画研究会に所属していた渡辺は、この事件に疑問を抱いていたのだ。

制作費3000万円の条件は天皇・同和・警察を扱わないこと

『ザザンボ』は、1990年代当時、映画界で絶大な権力を握り、時代の寵児だった松竹の名物プロデューサー・奥山和由が渡辺に目をつけたことから始まった企画だった。『家庭教師』（1987年）、『島国根性』（1990年）という、どちらも〝家庭教師に扮した主演の渡辺が生徒の母親と肉体関係を持つ〟という描写の映画を立て続けに発表していた渡辺に対し、奥山が「天皇・同和・警察問題さえ扱わなければ好きなものを撮って構わない」と言って3000万円の制作費を渡したことが、『ザザンボ』

の制作に繋がったのだ。

その制作費で事件の取材を重ねた渡辺は、数々の証拠を掴む。少年が盗んだとされていた女性教師の預金通帳から、少年以外の何者かが全額を引き下ろしていたということ、1000万円もの生命保険をかけられていた少年は家庭内で慢性的にいじめられ、〝家族の厄介者〟として扱われていたという村人たちからの証言。

さらに少年の級友からは、少年が祖父に首吊りの方法を教わっていたという証言まで……。渡辺は真相を究明する教師・渡辺文樹として主演し、実際の障がい児を自殺した少年役に起用。全編を通じて「祖父が首を絞めて殺害した」という彼の推論を作中で展開し、村の権力者の孫が少年の姉を孕ませ、その中絶費用のために、近親相姦で生まれたとする少年に盗みを強要していたことが少年の殺害事件に発展、それを村ぐるみの隠ぺい工作で封印したと結論づけたのだ。

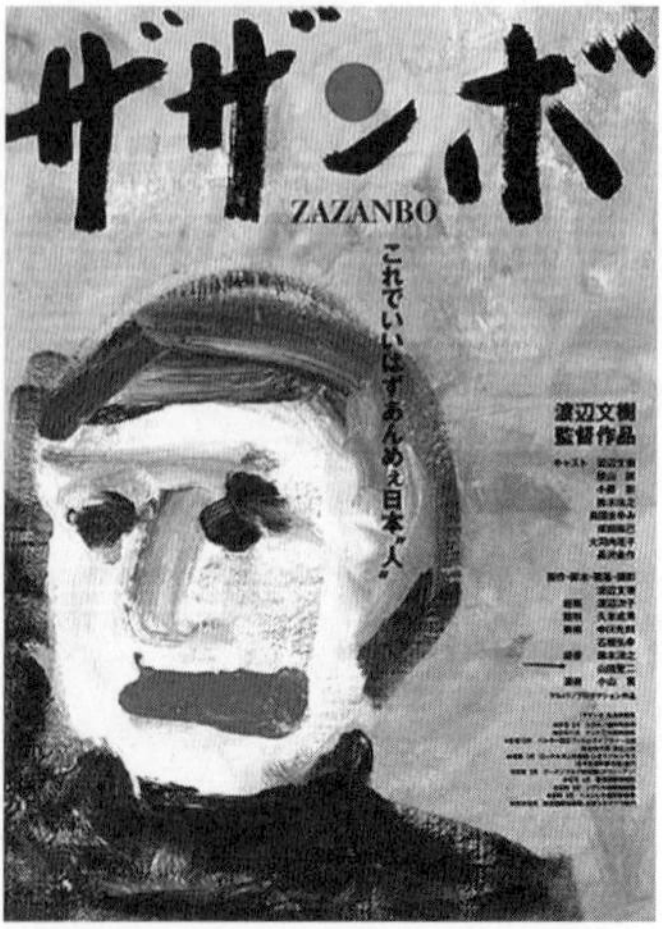

第5回東京国際映画祭で上映。実在の事件を扱い、中学生の墓を暴くことまで試みた

そして『ザザンボ』は１９９２年の第５回東京国際映画祭で上映されるが、奥山と松竹は一般公開と配給を拒否。その理由は、自殺した少年の家のシーンで飾られている天皇家の写真が「天皇問題を扱わない」という当初の約束に反したということだった。松竹側は公開への条件として、そのシーンを削除することを渡辺に提案したが、旧態依然としたムラ社会の象徴として〝飾られている天皇家の写真〟をどうしても表現したかったという渡辺は、その譲歩案を拒否。ここで松竹の配給中止も決定的となったのだった。

その後、自費での公開のために松竹からフィルムを買い取って自ら配給・興行をうつが、当然のことながら、あらゆるところで問題が発生し、自殺した少年の遺族からも訴訟を起こされ、人権問題にも発展している。もちろん、この作品の発表後も数々の訴訟問題を抱えることになる渡辺であるが、その象徴的作品として、『ザザンボ』の封印がある。

『家庭教師』では監督・主演だけでなく、脚本や音楽までも渡辺文樹がこなした

DATA●『ザザンボ』／公開日：1992年12月5日。監督：渡辺文樹。配給：マルパソプロ。出演：渡辺文樹、秋山誠、小勝新ほか

猛烈な批判を受けながらも上映決行した『コンクリート』

取材・文●西本頑司

50席に満たない小さな劇場でわずか1週間の上映

２００４年に公開の『コンクリート』。少年犯罪史上最悪といわれる「女子高生コンクリート詰め殺人事件」（１９８８年）をモチーフにした作品だが、公開前から批判が殺到。予定していた銀座シネパトスは公開を中止し、50席に満たない小さな劇場でわずか1週間の上映になった。それでもソフト化は諦められなかったのか、公式ＨＰの書き込み欄をクローズしてＤＶＤを販売、今でも「封印」はされていない。

映画の原作は事件を小説仕立てにした２００３年の『十七歳、悪の履歴書』（作品社）。執筆した渥美饒児《じょうじ》は、純文学でデビューしたが、出版不況もあってか、２００１年に日本で原発事故が起こるパニック小説『ジャパン・シンドローム』（作品社）を発表。次回作として女子高生コンクリート詰め殺人事件を題材に取り上げた。少年犯罪を専門とするジャーナリストでもなければ、社会派事件を得意とする作家でもない。「関係者に突っ込んだ取材をすることもなく書き散らしたお粗末なもの」と評された。

そんな作品に目をつけたのが、自主映画をつくりながら商業デビューを狙っていた中村拓監督。低予算で、わずか５日で撮影したという。

犯人役は、当時、ブレイク寸前だった高岡奏輔を起用。犯罪者側を英雄視しているとも捉えられかねない部分があると批判された。よって当時、類似犯罪を助長し、被害者遺族を傷つけかねないという懸念が噴出したのだ。

神戸連続児童殺傷事件の「少年Ａ」でマスコミが大騒ぎをした結果、類似犯が頻発。本人も何を勘違いしてか２０１５年、『絶歌』（太田出版）という手記まで出版し、世間を騒然とさせた。少年犯罪に関してメディアは慎重な対応が求められる。安易な商業主義で扱うべきではないのだ。

現在でも語り継がれる凶悪事件を元に映画化。不良少年が女子高生にタバコを押しつけるなどの残忍なリンチを加え殺害した

DATA● 『コンクリート』／公開：２００４年７月３日。監督：中村拓。配給：ベンテンエンタテインメント。出演者：高岡奏輔、小森未来、三船美佳ほか

熟女と全裸で濃厚な交わり「綾野剛」下積み時代の幻映画

取材・文●森嶋吾郎

ファンにはかなり刺激的！　妖艶な絡みシーンは一見の価値あり

ＮＴＴドコモのＣＭに出演し、好感度を急上昇させている俳優の綾野剛。映画『クローズ ＺＥＲＯ Ⅱ』や『ＧＡＮＴＺ』で見せた壮絶なアクションシーン、そしてＮＨＫ朝ドラ『カーネーション』で演じた凛々《りり》しい青年役などが注目され大ブレイク。今では主演を張れる俳優にまで成長した。だが綾野の俳優人生は、決して順風満帆なものではなかったようだ。

「綾野は元々、雑誌モデルを務めたり、上京後はバンドを結成して音楽活動をするなど、俳優とは別の道での成功を目指していました。そのため初期の俳優活動は、ただの小遣い稼ぎとしか思っておらず、本人いわく役者の仕事を完全にナメていたとのことです」（芸能記者）

綾野が俳優デビューしたのは、２００３年に放送された特撮ドラマ『仮面ライダー

555』での怪人役だった。それから彼が注目されるキッカケとなった2009年公開の『クローズ ZERO Ⅱ』までの6年間、今の状況からはとても考えられない役柄にも挑戦していたという。

「ブレイクする何年も前に制作されたインディーズ映画『映画監督になる方法』（2005年）という作品に、無名時代の綾野剛が出演しています。この映画の監督は、AVの出演経験もある女性で自ら主演も務めているのですが、綾野は本編でその女性と全裸で絡み合っているのです。綾野の出番はそのラブシーンのみでセリフもなし。しかし完全に肌と肌が密着しているため、ファンには刺激の強い作品となっています。綾野は、この映画について語ることはありませんが、エンドロールにはハッキリと彼の名前がクレジットされています」（同前）

同映画は、インターネット通販サイトなどでDVD販売はされているものの、本人や事務所は抹消したい黒歴史として認識しているためか、公式プロフィールにタイトルの記載はない。

インディー映画監督の松梨智子が主演も務めた『映画監督になる方法』（2005年）

DATA● 『映画監督になる方法』／公開：2006年4月8日。監督：松梨智子。配給：キングレコード。出演者：まんたのりお、町田マリー、松梨智子、綾野剛ほか

使用済みナプキンにニヤリ “ゆず”北川の黒歴史映画

取材・文●森嶋吾郎

狂気的なゴミ漁りサイコ男を熱演。ゆずの世界観とは真逆のエグい話

耳に残るキャッチーなメロディで老若男女から人気を得ている男性デュオの「ゆず」。そのメンバーの一人である北川悠仁といえば、歌手活動のほか、映画やドラマなどで俳優としても活躍している。今でこそミュージシャンとして成功した彼だが、かつて路上で歌っていた貧乏時代、芸能事務所の社長から声をかけられ始めたのが、インディーズ映画での俳優業だったという。

「彼は1996年に制作されたスプラッター映画『オールナイトロング3 最終章』で主演を務め、狂気的な演技を見せています。内容は、女性の捨てたゴミを主人公が漁り、拾ってきた下着やナプキンをコレクト。その衣類から得た女性の体のサイズや生理周期等の情報を、パソコンに打ち込んでいくという異様な物語です」（映画ライター）

この映画には、ゆずが歌っているような爽やかな世界観はなく、ひたすらに血なまぐさく陰湿な内容が続き、当時、同映画を観た女性のなかには、ゴミを捨てるのが怖くなったと話す女性も続出した。また一部のゆずファンは、本作に北川が出演しているということで、オークションに出回る廃盤のビデオテープを落札する者もいたようだが、本編のあるシーンに大きなショックを受けたという。

「北川が、ゴミ捨て場から拾ってきた使用済み生理ナプキンを、自室の壁に貼り付けて恍惚の笑みを浮かべるシーンがあるのです。のちに紅白歌手になるとは思えない不気味な表情と定まらない視点、そして血に染まった大量のナプキンを見つめるその光景は、興味本位で作品を鑑賞したファンをドン引きさせることとなりました」（同前）

この他にも『オールナイトロング3　最終章』は、ゆずファンが見たら卒倒するような過激なシーンが満載となっている。北川サイドが本作への出演の過去を封印したいためか、現在もこの映画は日本国内でDVD化されていない。

映倫が審査を拒否するほどの過激描写で話題になった『オールナイトロング』シリーズ3部作の完結編

DATA●『オールナイトロング3　最終章』／公開：1996年8月9日。監督：松村克弥。配給：大映。出演者：北川悠仁、角松かのり、田口トモロヲほか

トラウマ必至の拷問描写！ 禁断映画『徳川女刑罰絵巻』

取材・文●金崎将敬

国内で封印され続けた拷問残酷映画の金字塔

1976年公開の『徳川女刑罰絵巻 牛裂きの刑』はこの時代に数多くつくられた拷問残酷物のなかでも評価の高い一本。当時の東映社長が、「実際に殺人シーンが収録されている」ということで話題なった洋画『スナッフ』の評判を聞きつけ、牧口雄二監督に「あらゆる拷問を繰り広げる残酷ショーを」と指示して制作されたという。

前半は奉行がイモリを生で噛みちぎりながら、異教徒を火あぶり、釜茹で、蒸し焼き、蛇責めと、バラエティに富んだ拷問を加え弾圧するストーリー。サブタイトルにもなっている「牛裂き」は、女の両足を綱で縛って、2頭の猛牛に引かせ体を裂く拷問。内村レナ演じる少女・登世がキリシタンであることを奉行に知られ、「牛裂き」の刑に処されるというのが前半部のクライマックスだ。2つに裂かれた美女の体から内臓があふれ出し、見ていた奉行が「やった！　裂けた！」と叫ぶシーンなどは、ある意味すさまじい出来栄えとなっている。

　後半は物語が変わり、川谷拓三演じる捨蔵が、女郎小屋で悪質なイジメを受け、脱走をするも捕まり、さらなる拷問を受けるという地獄絵巻。ここでのメインの拷問は首から下を土に埋め、首の前にノコギリを置き、通行人が誰でもノコギリ挽きをしていいという刑。これは本来、刑を受ける者を殺すというよりも苦しめるための拷問で、実際にノコギリを挽く者などいない形式的なものだった。しかし、映画ではそうはいかない。発狂した男が現れ、捨蔵は竹のノコギリでゆっくりと首を切られながら死んでいくという、まったく救いのないラストになっている。

　日本でのソフト化は完全に封印されており、たまに名画座などで上映されるのを観にいくしかなかった。しかしネット時代になり、徐々に作品の評判が高まったおかげか、２０１２年についに東映から正規版ＤＶＤが発売されたのだ。

あまりの残酷描写に日本での発売は封じられていたが、2012年にようやくソフト化された

DATA●『徳川女刑罰絵巻　牛裂きの刑』／公開：1976年9月4日。監督：牧口雄二。配給：東映。出演者：川谷拓三、内村レナ、汐路章ほか

エログロ暴力のオンパレード！『女獄門帖 引き裂かれた尼僧』

取材・文●金崎将敬

縁切り寺で食人尼僧がけがらわしい男どもを抹殺

1976年に公開され世間を騒がせた残酷拷問映画『徳川女刑罰絵巻 牛裂きの刑』の1年後に牧口雄二が放ったエログロ路線の傑作が『女獄門帖 引き裂かれた尼僧』だ。『徳川女刑罰絵巻』同様、こちらも長らくソフト化されることはなく、名画座で鑑賞するしかなかった作品だが、2018年に東映からDVDが発売されている。

主人公は女郎の「おみの」。奉公を終え、やっと解放されると思いきや、別の女郎宿に売り飛ばされることを知ったおみのは脱走を決意。猟師にレイプされたりしながらも、縁切りの尼寺「愁月院」にたどり着く。そこには同じような境遇の尼僧たちが身を寄せ合って暮らしていた。が、その本性は寄り付く男たちを殺しては食べるという、『悪魔のいけにえ』のような恐ろしい寺だった。

おみのを追っていた男たちも愁月院にたどり着くが、尼僧たちに捕まり拷問を受けるごとに。「現世は女にとって地獄。けがらわしい男どもはすべて抹殺すべき」とおみのは尼僧に諭《さと》され、さらに阿片漬けにされて尼僧とレズ行為に及んでしまう。おみのを助けに来てくれた男も斬首され、首なし死体がピクピクと蠢《うごめ》くなどショッキングな描写は続き、最後は尼僧たちがエグい殺し合いを繰り広げ、クライマックスはもはや幻想的とさえいえる世界に突入する。これだけの残酷絵巻がたった69分。

そもそも成人指定であるのに加え、執拗な拷問とグロ描写があること、そして食人をほのめかすシーンがあることなどが封印の理由として挙げられているが、その真相はハッキリとわかっていない。かつてはマニアが必死で追い求めた封印作も、いまやネットで1クリックで買える時代になってしまった。誰もが気軽に観られるようになったからこそ、その内容についてもプレミア感抜きであらためて評価されるべきだろう。

残酷描写もさることながら、美しい女優陣の淫靡な演技も一見の価値あり

DATA●『女獄門帖 引き裂かれた尼僧』／公開：1977年4月8日。監督：牧口雄二。配給：東映。出演者：田島はるか、ひろみ麻耶、芹田かおりほか

日本映画「封印」「お蔵入り」の残念な諸事情

表現問題、権利問題、事件・事故による規制……

取材・文●金崎将敬

孝明天皇の暗殺を描いて右翼団体から抗議

映画ファンにとっては「観ることができない映画」というのは、それだけで価値があり、なんとしてでも観たいという気持ちになるものである。映画はフイルムさえ残っていれば、どんな形であれ観ることができるメディアだが、ここでいう封印作品とはなんらかの事情で上映できなかったり、ビデオやＤＶＤなどソフト化がされていないものを指す。しかし、未ソフト化といっても、ビデオは出たけどＤＶＤは出ていないとか、ＣＳだけで再放送されたとか、海外ではリリースされているなど、そのパターンは様々。２０００年代に入り、封印作品とされていた作品群が続々とＤＶＤ化されている流れもあり、ネットの動画サイトや海賊版まで含めると、真の意味での封印作品は少なくなってきているのが現状だ。

映画が封印されてしまう理由には、大きく分けて3つのパターンしかない。表現問題、権利問題、そして事件・事故に巻き込まれてしまった事例だ。

表現問題とは、制作当時は問題のなかったセリフや表現が、時代とともにNGになってしまったもの。『気違い部落』（1957年）や『怪猫《かいびょう》トルコ風呂』（1975年）などは、タイトルの時点でソフト化がNGな作品だ。

また内容に差別的な表現やタブーに触れる描写があり、抗議を受けて社会問題化した作品もソフト化が困難だ。『徳川一族の崩壊』（1980年）は、孝明天皇の暗殺を描いたことで右翼団体から抗議を受け、劇場公開はされたがソフト化はされていない。

表現的に公開当時は問題なかったが、現在はNGというパターンもある、1984年に公開された『スクラップ・ストーリー　ある愛の物語』はロリータモデルとして活躍していた少女M（当時14歳）が主演、劇中でヌードシーンやセックスシーンを披露しているため、現在の基準ではソフト化は困難だ。

80年代のジャニーズ映画は事務所の意向でDVD化されず

次の権利問題は、制作会社が倒産して著作権が不明だったり、出資者が不明だったり、出演者や原作者の意向でソフト化ができないなど、いずれも権利関係が整理されていない作品群だ。

松竹の大作『RAMPO』（1994年）は制作段階でモメて監督の違う2バージョンがつくられ、さらに「国際版」まで制作されるという混乱ぶりで、それが尾を引いたのか、いずれもDVD化はされていない。和製ホラー『スウィートホーム』（1989年）もソフト化の際の権利分配で裁判となっており、DVD化はされていない。坂東玉三郎が主演した『夜叉ケ池』（1979年）は、権利者がソフト化を拒否しているといわれ未DVD化（2021年にブルーレイ化）。さらに千葉真一主演の『ウルフガイ 燃えろ狼男』（1975年）はビデオ化すらされていないが、これは権利者からの許可が出ない説と、表現上の問題によるものと、2つの説がある。

こうした「誰かが止めている」と思われるパターンはアイドル映画に顕著で、ジャニーズ系の『青春グラフィティ スニーカーぶるーす』（1981年・主演：たのきんトリオ）、『ウィーン物語 ジェミニ・YとS』（1982年・主演：田原俊彦）、『ボーイズ&ガールズ』（1982年・主演：シブがき隊）、『愛・旅立ち』（1985年・主演：近藤真彦、中森明菜）、『19 ナインティーン』（1987年・主演：少年隊）、『ロックよ、静かに流れよ』（1988年・主演：男闘呼組）など、ビデオ化はされてもDVDにはなっていない（ちなみにSMAPの『シュート！』〈1994年〉はDVDが出ている）。

菊池桃子の『テラ戦士Ψ《サイ》BOY』（1985年）も、森高千里の『あいつに恋して』（1987年）も、高橋名人と鈴木保奈美の『はっちゃき先生の東京ゲーム』（1987

年）もＤＶＤになることはないだろう。

　スケバン不良アクション映画『番格ロック』（１９７３年）は、２０１１年にＤＶＤ化が発表されたが、劇中にバンド「キャロル」の楽曲が使われており、矢沢永吉の事務所から強硬な反対があって発売中止となったとされる。

　実在の人物を扱った映画も権利関係のクリアが難しい。実際の試合映像を劇中に使った『プロ野球を10倍楽しく見る方法』（１９８３年）もビデオのみ。『Ｊリーグ を１００倍楽しく見る方法!!』（１９９４年）もセルＤＶＤは出ていない。

主演の押尾学の逮捕で公開中止。『だから俺達は、朝を待っていた』

　そして３つめの事件・事故による封印は、撮影中に事故が起きたもの、または出演者やスタッフが事件を起こしてしまいリリースが困難になってしまったものだ。また、実際に起きた自然災害や事件を想起させるという理由で封印されてしまうこともある。

　事件でいうと、映画公開後に原作者に捏造疑惑が巻き起こった『一杯のかけそば』（１９９２年）は未ＤＶＤ化。主演の押尾学が逮捕された『だから俺達は、朝を待っていた』（２０１０年）は公開すらされていない。

　実は最近の邦画界は、こうした公開もされない「お蔵入り映画」が増えている。２０００年代から邦画バブルが巻き起こり、制作本数が激増。しかし、上映する映画館がなく、そのまま塩漬けになってしまっているのだ。

大橋のぞみと「お父さん犬」のカイくんが出演した『大好きなクツをはいたら』は2010年にクランクアップしているがお蔵入り。鈴木京香が主演した『こおろぎ』（2006年）、『ええじゃないか・ニッポン　宮城篇～気仙沼伝説』（2006年）は、2本とも公開されなかった。こうした事態の背後には、最初から映画公開で資金回収することを考えず、制作委員会方式でカネだけ集めて逃げるという悪徳プロデューサーが暗躍しているといわれている。

こうして考えていくと、権利、表現、事件性のすべての要素を兼ね備えており、なおかつお蔵入りになってしまった大神源太主演の『ブレイズ・オブ・ザ・サン』が最強の封印映画だといえるかもしれない。

村八分が題材。「気違い」の表現がNG

改名運動で「トルコ風呂」は使用禁止に

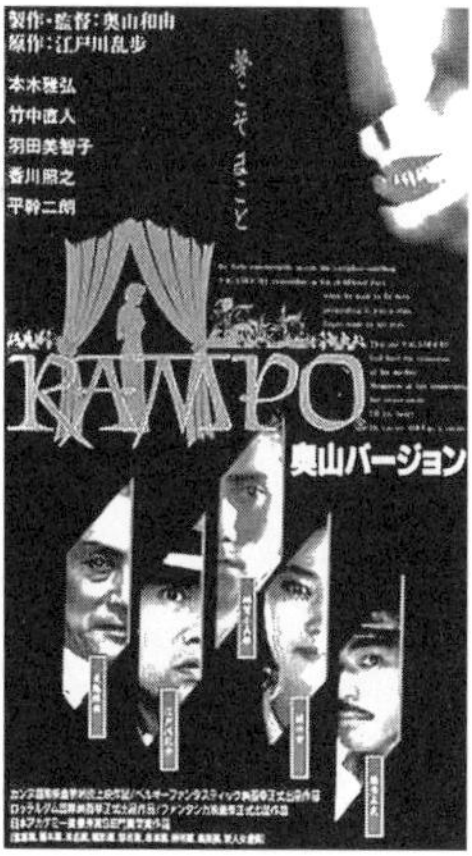

もともとの「黛バージョン」と撮り直しの「奥山バージョン」が存在する

東映の大作時代の作品群の最終章となるはずがお蔵入り

監督は篠田正浩。テレビ放送も1度のみ

当時14歳の少女Mが脱いで濡れ場を演じていた。出演者には高田純次の名も

東宝制作、たのきんトリオ主演の第1作目

監督の黒沢清が東宝と伊丹プロを提訴した

犬神一族の生き残りを描いた作品。テレビ放送の海賊版が出回る人気ぶり

シブがき隊が主演の第1作目も今や封印

主演と主題歌を少年隊が務めた

本作の共演からマッチと明菜は交際開始

原作は江本孟紀による野球界暴露本。珍プレー映像などのシーンが満載だった

菊池桃子2作目の映画。1億総活躍国民会議の民間議員になりソフト化は困難か

「実話」でなく原作者である栗良平の「つくり話」説が浮上し、お蔵入りに

「ファミコンの神様」こと高橋名人が主演

制作会社代表が出資法違反で逮捕。一般公開にも至らなかった幻の映画

森高千里の相手役は風見慎吾(現・しんご)

第5章

特撮「放送禁止」の真実

『怪奇大作戦』のトラウマ必至不条理すぎる「狂気」の第24話

取材・文●金崎将敬

「心神喪失者の行為は罰しない」刑法第39条がテーマの封印作

オカルト犯罪に科学の力で立ち向かうSRI（科学捜査研究所）の活躍を描いた特撮ドラマ『怪奇大作戦』（TBS系）。1968年に円谷プロが『ウルトラセブン』の後番組として制作したが、社会問題や犯罪者の心の闇を描いたハードすぎる内容に、当時の子供たちはついていけなかった。

とくにトラウマ必至の第24話「狂鬼人間」は、同回が収録されたレーザーディスクが回収となる騒動になった。理由は公表されていないが、現在は再放送とソフト化が不可能な「欠番」として円谷プロが封印している。

この第24話では発狂した人間による殺人事件が続発する。彼らは精神鑑定で心神喪失と診断され、「心神喪失者の行為は罰しない」とされる刑法第39条により全員が無実となり、数カ月すると全快して社会復帰していく。

これに不審を抱いたＳＲＩが調査を進めると、かつて精神障がい者によって家族を皆殺しにされた女性科学者が浮上する。女は一定期間だけ精神障がいを引き起こす脳波変調機を開発し、「狂わせ屋」として暗躍していたのだ。それは不条理な法治社会に対する復讐だった。

おとり捜査をする岸《きし》田《だ》森《しん》演じるＳＲＩの牧は、彼の素性に気づいた女によって脳波変調機で狂わされてしまう。牧は雑踏のなか、「ア～ハッハッハ～」と笑いながら銃を撃ち、同僚を追い回す。稀代の怪優・岸田森は、本当に狂っているかのような熱演ぶりだった。

ラストは衝撃的。ＳＲＩに追い詰められ逃げられないと悟った女は、自ら脳波変調機にかかり、出力ツマミをマックスまで絞る。結果、女は一生を精神病院で過ごすことになる。病室で

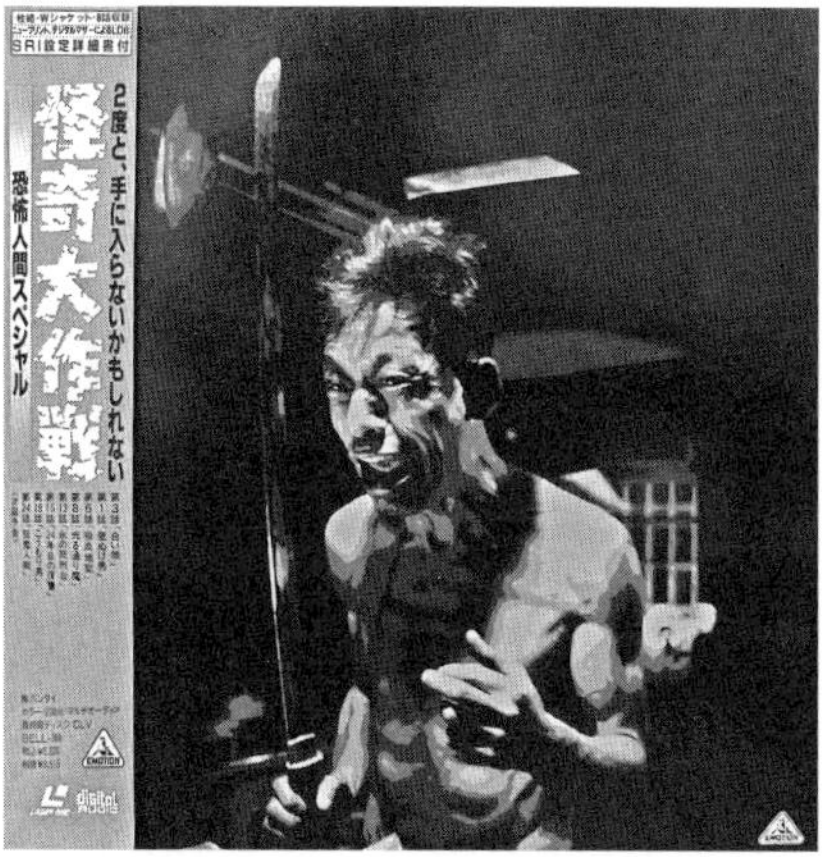

ストーリーはもちろん、岸田森渾身の"怪演"もトラウマに拍車をかけた

「カーラースー、なぜ鳴くの〜」と歌っている女の顔が突然歪み、何かを叫ぼうとした瞬間、エンディング主題歌のイントロが流れ出し、歌詞の前に出る「ぎゃああ〜！」という効果音声が、女の叫び顔にかぶる……満田かずほ監督渾身の素晴らしい演出だ。

ストーリー、演出ともハイレベルな社会派ドラマとはいえ、子供番組としては〝やりすぎ〟だったようだ。

DATA●『怪奇大作戦』／放送期間：1968年9月15日〜1969年3月9日（全26話）。放送：TBS系。制作：円谷プロダクション。出演者：岸田森、勝呂誉、原保美ほか

『超人バロム・1』放送打ち切り真の黒幕は共産党だった!?

取材・文●光益公映

お馴染みのテロップは「ドルゲ事件」がきっかけ

１９７２年に読売テレビで制作され日本テレビ系で全国放送された特撮ヒーロー番組『超人バロム・１』は、複数の主人公が合体して敵と戦う変身物の草分けとなった作品。当時この番組を観た子供たちは、合体の場面を真似て互いに腕を交差させ「バローム・クロース！」と声を上げげて遊んだものである。

だが、ある日、この『超人バロム・１』が放送中止になってしまうという噂が広まった。ことの発端は『朝日新聞』に掲載された記事。神戸在住のドイツ人、ドルゲ氏が『超人バロム・１』のボスキャラ「ドルゲ」と同じ名前のため息子がいじめられてしまうことを心配し、神戸地方裁判所に、番組で「ドルゲ」という名前を使わないように仮処分を申請したということであった。

プロデューサーはドルゲ氏へ必死の説得と謝罪を行い、「このドラマにでてくるドルゲはかくうのものでじつざいのひととはかんけいありません」とテロップを入れることで了解を得た。

しかし、その後『超人バロム・1』は打ち切り同然の突然の最終回を迎える。「ドルゲ事件」が尾を引いたのかと思いきや、それとは違う理由があったと、当時の番組スタッフが語ってくれた。

「当初、テレビ局側はこんなものは話し合いですぐ解決できるものだと思っていたんです。でも、ことが裁判沙汰になりかけたとき、妙なところから横やりが入ったのです」

なんと「ドルゲ」という名前に文句をつけたのは、ドルゲ氏だけではなかった。

「テレビ局の労働組合です。当時放送局の労働組合はナショナルセンターに属していて、共産党の影響が強かったんです。その中の一部が『ドルゲ』という名は『ゾルゲ』を想起させ、侮辱に当たるとして抗議してきたんです」

これまでに3回ソフト化。このDVDは東映より2005年に発売

「ゾルゲ」とは、戦前の日本で暗躍し、死刑になったソ連最大のスパイにして共産党の英雄「リヒャルト・ゾルゲ」のことである。単なる言いがかりとしか思えないが、無視できない理由もあった。

「たしかにこの業界のクレームというのは、9割方が言いがかりです。それを笑ってやり過ごせなかったのは、やはり70年安保闘争があり、共産党の力が強い時代だったからでしょうね」

それから45年が経った今、当のドルゲ氏はどうしているのだろうか。

DATA●『超人バロム・1』／放送期間：1972年4月2日〜11月26日（全35話）。放送：日本テレビ系。制作：よみうりテレビ、東映。出演者：高野浩幸、飯塚仁樹、砂川啓介ほか

シンナー中毒、原発の魔獣が登場『サンダーマスク』タブー伝説

取材・文●大島大蔵

手塚治虫が漫画連載をした特撮ヒーローのカルト作品

1971年は円谷プロの『帰ってきたウルトラマン』や東映の『仮面ライダー』が大ヒットした、特撮ヒーローものの当たり年だった。

その勢いに乗って、翌1972年には、実に13もの特撮ヒーロー作品が登場。『人造人間キカイダー』（東映）や『愛の戦士レインボーマン』（東宝）、『快傑ライオン丸』（ピー・プロダクション）などの名作が生まれるなか、『サンダーマスク』は制作された。

地球侵略を目論む宇宙の魔王デカンダの野望を阻むため、サンダー星連邦から地球に派遣されたサンダーマスク。しかし、石器時代の地球に到着してしまったため、いったん眠りにつく。1万年後の現代、デカンダの侵略がやっと始まり、宇宙工学の権威・高瀬博士は自らの命と引き換えにサンダーマスクをよみがえらせる。

以後、サンダーマスクは平常時には地球人「命光一《いのちこういち》」に姿を変え、科学パトロー

ル隊や、高瀬博士の遺志を継いだ娘のまゆみ、その弟の勝也とともに、デカンダが操る魔獣との死闘を繰り広げる。

最初の戦いを終えた命光一に、まゆみは、なぜ侵略の1万年も前に地球にやってきたのかたずねる。

「ちょっとロケットのスピードが速すぎて、地球の石器時代についてしまった」

要は単純なミスで、そのためにまゆみは父親の高瀬博士を失ってしまったというわけだ。これ以外にも、ツッコミどころの多い作品として、マニアの話題にのぼることが多い。

とはいえ、手抜きでつくられた作品だったわけではない。

制作メンバーはウルトラマンシリーズやゴジラシリーズ、『大怪獣ガメラ』などに関わった第一線級のスタッフばかりだった。このようなメンバーを集められたのは、『魔女っ子メグち

SF雑誌『宇宙船』（ホビージャパン）では1999年に特集が組まれた

ゃん』などを制作したひろみプロダクションが、漫画の王様、手塚治虫の威光を受けていたことにあるのかもしれない。

ひろみプロダクション代表の斎藤ひろみ氏は手塚プロの経理をしていた女性だった。こうしたつながりがあったからか、手塚治虫は自身の原作でないにもかかわらず、『サンダーマスク』の放送に合わせて、小学館の『週刊少年サンデー』や学年誌などで同タイトルの漫画連載を始めている。

メディアミックス戦略の結果、視聴率は15パーセント前後と健闘したが、当時のウルトラマンシリーズの視聴率が20～30パーセントであったこともあり、放送は半年で終了。手塚治虫の漫画版は単行本化されているものの、テレビ版は1994年に中京テレビが3話のみ再放送したのを最後にソフト化もないため、封印作品として語られるようになる。

再放送を妨げている2つのヤバいエピソード

『サンダーマスク』が封印された原因については、いろいろな憶測が飛び交っているが、なかでも有名なのが、現在では放送できないエピソードがあるからというもの。

その一つは第19話「サンダーマスク発狂!」だ。この回の敵はシンナー中毒者の脳みそをストローで吸い、エネルギー源とする魔獣・シンナーマン。シンナーマンの頭部は巨大な脳みそむき出しのグロテスクなデザインだ。

「シンナーマンのシンナーに侵されて腐りきった脳みそと、命光一の脳みそとを入れ替えるのです！」

婦人警官に化けたデカンダの奸計《かんけい》で、強制的にシンナーマンと脳みそを交換された主人公・命は、高笑いをあげながら街を徘徊し、ゴミ捨て場に突っ込む、通りすがりの女性に抱きつく、出前のラーメンを取り上げて道にぶちまけるなどの暴挙を働く。主人公がラリってしまうとは、なんともぶっ飛んだエピソードではないか。

もう一つは第21話『死の灰でくたばれ！』。これに登場する魔獣・ゲンシロンは、当時日本初の商業用原発が稼働していた東海村の出身。体内に原子炉があり、常に水蒸気や放射能を撒き散らす。

東海村では1999年に東海村JCO臨界事故が起きている。悲惨な被ばく事故を想起させるキャラクターが登場していては、再放送が難しいとされるのも当然である。

以上の回に限らず、『サンダーマスク』は他の作品と比べ、ハードな展開が多かった。

しかしながら、お蔵入りの真相は『サンダーマスク』の権利関係が曖昧だからという説が有力だ。

『サンダーマスク』はひろみプロダクションと東洋エージェンシー（現・創通）の共

同制作だった。だが、70年代はまだ権利処理がいいかげんで、東洋エージェンシーが強引に放送権を主張し、フイルムを持ち去ってしまったという。

だが、1998年の判例で、当時の「放送権」は地上波のみで、現在、広まっている衛星放送やケーブルテレビには適用されないことになった。つまり東洋エージェンシーがフイルムを現在も保管し、そのフイルムを提供すれば、『サンダーマスク』の衛星放送での再放送は可能という状況にある。しかし、現在、ガンダムの商品化権で莫大な利益を上げる創通にとって、トラブルの火種となりそうな『サンダーマスク』は、おそらく負の遺産なのであろう。関わりたくないのも当然、なのかもしれない……。

伝説の魔獣・シンナーマン。口からシンナーガスと火炎を放射する。
『原色怪獣怪人大百科』第3巻(勁文社)より

DATA●『サンダーマスク』／放送期間：1972年10月3日〜1973年3月27日（全26話）。放送：日本テレビ系。制作：東洋エージェンシー（現・創通）、ひろみプロダクション。出演者：菅原一高、井野口一美ほか

漫画はテレビと異なる、手塚治虫のオリジナル

敵を〝朝鮮人〟とする大失態『レインボーマン』の悲劇

取材・文●光益公映

〝おふくろさん騒動〟の川内康範《かわうちこうはん》による傑作特撮

川内康範という名前を覚えているだろうか。森進一が歌詞を勝手に改変したとして話題になった〝おふくろさん騒動〟で、著作権侵害を訴えた作詞家というのが、まず一般的な印象だろう。

しかし、特撮ヒーローもののファンならば、なんといっても1958年にテレビ放送された『月光仮面』の原作者ということになる。川内は、『月光仮面』以外にもいくつもの特撮ヒーローを世に送り出している。なかでも1972年放送の『愛の戦士レインボーマン』のファンは多い。

主人公ヤマトタケシがインドの山奥で聖人から神通力を授けられ、ミスターK率いる日本壊滅を謀る秘密結社「死ね死ね団」と戦う様を描いた作品で、最高視聴率20パーセントのヒット番組であった。

これほどの人気を集めたのにもかかわらず、現在この作品はテレビでの再放送は不可能といわれている。理由は、劇中歌の「死ね死ね団のテーマ」。川内自身が作詞したこの曲の歌詞に96回も「死ね」というフレーズが使われており、これにＰＴＡが抗議をしたためだといわれている。

しかし、当時の現場スタッフは「それは表向きの理由です」と語る。

「じつはテレビとコラボした子供向け雑誌が番組の紹介記事で、『ミスターＫは、日本軍に家族を殺された〝朝鮮人〟です』と、書いてしまったことが原因なのです。そもそも原作では『死ね死ね団』は白人至上主義の組織。しかしながら白人の役者を手配できず、ミスターＫを日本人俳優の平田昭彦さんが演じました。それだと原作との辻褄が合わない。それなら白人の代わりにミスターＫの正体は同じ黄色人種の〝朝鮮人〟にしてしまおうと、雑誌が考えなしに書いてしまったのです。もっとも、当時は表だって問題にはなりませんでした。ただ、挿入歌の問題もあって局や出版社が再放送に反対し、それが現在まで引き継がれているらしいのです」

過去の軽はずみなミステイクから人気作品が「放送禁止」になってしまうとは、ファンとしては悲しい限りである。

DATA●『愛の戦士レインボーマン』／放送期間：1972年10月6日〜1973年9月28日（全52話）。放送：ＮＥＴ（現・テレビ朝日）系。制作：東宝。出演者：水谷邦久、井上昭文、本山可久子ほか

必要に応じて7種類の姿に変身。DVD『愛の戦士レインボーマンM作戦編』(2001年)より

あまりにも原作無視の設定！東映特撮『スパイダーマン』

取材・文●光益公映

スパイダー星人からクモの能力を与えられ超人スパイダーマンに

スパイダーマンといえば、アメコミ大手のマーベル・コミック社を代表するヒーロー。1963年の連載開始から、実に50年続いた作品だ。ハリウッドのCG技術を駆使した実写映画版は5作品が制作され、興行収入40億ドルを誇る超人気タイトルだ。

そんなスパイダーマンが、日本の特撮番組になっていたことをご存じだろうか？

1978年に東京12チャンネル（現・テレビ東京）で放送された東映版『スパイダーマン』である。

権利関係の認識の甘い時代に海賊版のように制作された代物ではない。東映は1978年から3年間、マーベル・コミック社と提携していたのだ。そして、東映はスパイダーマンを、斬新にアレンジというか、まったく別な作品につくり変えていた。

そのストーリーは、悪の軍団「鉄十字団」に父を殺された主人公・山城拓也が、スパイダー星人からクモの能力を与えられ、超人スパイダーマンとなって戦うというものだ。鉄十字団の怪人が悪さをしていると、さっそうと現れるスパイダーマン。

「地獄から来た男、スパイダーマン！」

原作をモチーフにしたポージングで大見得を切り、主題歌の『駆けろ！スパイダーマン』が流れる。『あしたのジョー』の力石徹のテーマで知られるヒデ夕樹《ゆうき》の低音ボーカルがかっこいい曲だ。

終盤、敵の怪人が巨大化すると、なんと、スパイダーマンは巨大ロボット・レオパルドンに乗って戦う。東映のヒーロー物で巨大ロボットが登場するのは、この『スパイダーマン』が元祖。レオパルドンの玩具はバカ売れし、のちに続く、戦隊ヒーロー物の潮流をつくった東映の記念碑的作品なのだ。

マーベル・コミック社との契約が切れたため、東映版『スパイダーマン』は長らく封印されていたが、２００５年に全話入りＤＶＤボックスが発売された。

特典映像として原作のスタン・リーのインタビューを収録。「東映版独自のアレンジは興味深く、とても楽しい作品だ」と語っている。権利関係に厳しそうなアメリカの人気キャラを、ここまで自由に使えたことは、まさに奇跡だろう。

DATA●『スパイダーマン』／放送期間：1978年5月17日～1979年3月14日（全41話）。放送：東京12チャンネル（現・テレビ東京）系。制作：東映。出演者：香山浩介、三浦リカ、大山いづみほか

東映特撮と独自の世界観がアメコミと融合。原作者のお墨付きは面目躍如といったところか

怪獣名が古代朝鮮国家!?
劇場版『ウルトラマンG』の謎

取材・文●安坂由美彦

日本公開を前にして急遽、怪獣の名前を変更

「ウルトラマンG《グレート》」は円谷プロがオーストラリアで制作した「ウルトラシリーズ」の一本。平成になってからは初めての実写版ウルトラマンで、日本では1990年に劇場公開された。

実はこの作品の日本での公開を前に、怪獣の名前が一部変更されていたのだ。問題となった怪獣は伝説怪獣「コダラー」と「シラリー」。オーストラリア版の名前は「クダラー」と「シイラギ」という、まったく別の名前だった。

この名称変更はかなり急だったようで、日本での劇場版公開当時のパンフレットや雑誌、発売されたソフビ人形には何かを隠すように「シラリー」のシールが貼られており、問題があったのは明らかだった。

「クダラー」と「シイラギ」。由来は響きからして、かつて朝鮮半島に実在した古代

国家「百済（くだら）」と「新羅（しらぎ）」がモデルとなっているのは間違いない。百済と新羅は7世紀中頃、朝鮮半島における三国時代に大きな戦争を行い、新羅が唐（現在の中国）と手を組み、百済を滅ぼし大国を築いた。が、新羅は935年に別の国家・高麗に滅ぼされている。『ウルトラマンG』でも最初に倒されるのは「コダラー」続いて「シラリー」という順番だった。

円谷プロは『ウルトラマンG』という作品を利用し、「朝鮮タブー」に挑もうとしたのか。多くの日本人スタッフが関わっていたはずの『ウルトラマンG』がなぜ朝鮮国家をモデルにしたような怪獣をつくり出したのかは、関係者全員が口を重く閉ざしており、今なお不明である。

『ウルトラマンG』は2017年1月に初のブルーレイBOXが発売されたが、1991年のビデオ・レーザーディスクの発売以降、長らく映像ソフトが出回っていない状態が続いていた。テレビでの再放送も1995年以降なかったため、実質上の封印作品となっていたのだ。

DATA●劇場版『ウルトラマンG』／公開日：1990年12月15日。監督：アンドリュー・プラウズ。配給：松竹。声の出演：京本政樹、小林昭二、山寺宏一ほか

杉浦太陽が〝狂言〟恐喝事件で逮捕『ウルトラマンコスモス』危機一髪

取材・文●金崎将敬

怪獣は共存可能な野生動物だから殺さず、保護をする

ウルトラマン生みの親、円谷英二の生誕100周年、そして、ウルトラシリーズ35周年を記念して制作された、21世紀最初の作品が『ウルトラマンコスモス』だ。

2001年10月の放送を予定していたが、円谷英二の誕生日の月（7月）に合わせるため、3カ月繰り上げて開始する力の入れっぷり。その制作コンセプトも革新的なものだった。

「強さとやさしさを兼ねそなえたウルトラマン」

具体的にいうと、コスモスは怪獣を殺さず、保護するのだ。

怪獣を「人間に害を及ぼす可能性があるが、共存可能な野生動物のようなもの」と考えるウルトラマン。普段は青を基調とした「ルナモード」で、殺傷能力のない攻撃で牽制し、興奮抑制効果のあるフルムーンレクトで怪獣をおとなしくさせて捕獲する。

ちなみに、悪意に満ちた邪悪な侵略者は、赤基調の「コロナモード」で抹殺するのだが、地球を侵略しようとしたバルタン星人が改心し、けじめとして自殺してしまうようなハードな展開もあった。

放送開始から1年が近づいた2002年6月、やさしいウルトラマンのイメージをくつがえす事件が報道されてしまう。主役のムサシを演じる杉浦太陽が、傷害と恐喝容疑で逮捕されたのだ。2000年9月、杉浦は弟の友人に、カネを盗んだと言いがかりをつけて30万円を要求。これに応じなかったために暴行し、現金45万円を脅し取ったという。これを受けて、残り16話を残し打ち切りが決定したが、のちに被害者が、事件は狂言であったと告白。7月2日に杉浦は釈放され、20日から放送が再開した。

最終回は、最強の敵・カオスダークネスと対決。コロナモードで抹殺しようとするコスモスをムサシが説得し、フルムーンレクトで改心させる熱い展開であった。

傷害事件の被害者が突如、証言を翻《ひるがえ》したことを不自然に感じた者は多く、当時、多くの憶測が生まれたが、杉浦側によるなんらかの「フルムーンレクト」が放たれたのだろうか？

なお、未放送となったエピソードは、現在発売中のDVDで観ることができる。

DATA●『ウルトラマンコスモス』／放送期間：2001年7月7日～2002年9月28日（全65話）。放送：TBS系。制作：円谷プロダクション。出演者：杉浦太陽、嶋大輔、坂上香織ほか子供向け番組のはずが……

円谷特撮の〝差別〟と〝タブー〟と〝大人の事情〟

取材・文●金崎将敬

未放送のまま番組が終了した『ウルトラQ』幻の最終回

ウルトラマンシリーズをはじめとした特撮作品で知られる円谷プロには、多くの才能あふれる作り手が集結し、「子供向け」の名に甘んじない姿勢で名作を生み出してきた。そんな姿勢が勇み足となってしまったのが、『ウルトラQ』（1966年・TBS系）の第28話「あけてくれ！」だろう。『ウルトラQ』は、セスナ機パイロットの万城目淳（佐原健二）と助手の戸川一平（西條康彦）、新聞社のカメラマン江戸川由利子（桜井浩子）が、様々な怪奇現象に遭遇するオムニバス作品。

カネゴンやガラモンなどが登場して怪獣ブームに火をつけた同作だが、この「あけてくれ！」に怪獣は登場しない。脚本は、『3年B組金八先生』で知られる小山内美江子。なんと、サラリーマンの悲哀をテーマとしたエピソードであった。

万城目と江戸川がドライブデートしていると、路上に中年の男が倒れている。声をかけても反応が鈍く、とりあえず保護する。催眠術で男の記憶を呼び起こすと、彼はサラリーマンで、不思議な「空飛ぶ電車」に乗っていたことがわかる。行く先は、現実世界の苦しみと無縁のユートピアだという。車窓には男の過去の映像が写し出された。「あけてくれ！　ここから降ろしてくれ！」

幼かった頃の娘を見て、男は急に帰りたくなり、現実世界に戻ってきたのだった。しかし、つらい現実は何も変わらない。男は会社を辞めてしまう。最後は、男が空飛ぶ電車に「俺も連れてってくれ！」と叫ぶシーンで終わる……。

このエピソード、早い段階でフィルムが完成していたが、子供には難解だとして、ＴＢＳのプロデューサーからストップがかかり、未放送のまま番組が終了してしまった。

日の目を見たのは、１９６７年の再放送。ＤＶＤでは、最終話として収録されている。

最高視聴率は36パーセント。2001年、2012年発売のDVDには「あけてくれ！」も収録された

あまりに生々しく、悲劇的な話にプロデューサーが激怒し監督降格

その後、『ウルトラQ』のあとに制作した『ウルトラマン』が大ヒット。現在も続くシリーズとなったが、深いテーマを盛り込む円谷プロの姿勢は健在だった。

それが最高潮に達し、現在も高い評価を獲得しているエピソードが『帰ってきたウルトラマン』（1971年・TBS系）の第33話「怪獣使いと少年」だ。

これは封印作品ではないのだが、あまりに描写が生々しく、悲劇的なストーリーだったために、TBSのプロデューサーが激怒したという、いわくつきの回だ。監督の東條昭平は、いくつかのシーンを撮り直しさせられた挙句、助監督に降格。メイン脚本家だった上原正三は、ストーリー全体に影響する重要なエピソード以外、担当をはずされてしまった。

いったい、どのような内容だったのか？

川原にある廃屋のそばで、身長の半分以上はあるスコップを持ち、一心不乱に穴を掘る少年。奇妙な行動を住人たちは怪しみ、少年は宇宙人が化けた姿だという噂が広ま

『ウルトラQ』の構成と人気があってこそ、ウルトラシリーズが成功を収めた

っていた。少年は不良たちから、ひどいイジメを受け始める。少年を頭だけ出した状態で埋め、泥水をかけたうえに、自転車で轢《ひ》こうとする不良たち。すんでで、主人公のＭＡＴ隊員・郷秀樹（団次郎）に救われるが、その後もイジメは終わらない。

お粥を炊く鍋を蹴っ飛ばす。さらに、少年が泥まみれの米をかき集めようとすると、下駄で米を踏みにじる。悔しさで涙を流す少年に、連れてきたシェパードをけしかける……。

どうだろう？　ウルトラシリーズであることを疑うほどの執拗なイジメ描写だ。その後、郷は、廃屋に住む男・金山に接触する。金山は１年前にメイツ星から地球の気候調査にやってきた宇宙人だった。調査の最中、川原で倒れている餓死寸前の少年を発見。それ以来、親子同然に暮らしてきたという。

だが、金山は汚染された地球の空気で、顔が半分ただれ、体も蝕《むしば》まれてしまった。少年は金山がメイツ星に帰るため、川原に埋められた宇宙船を掘り起こしていたのだ。

事情を知って、穴掘りを手伝う郷に、少年は語る。

「おじさんとメイツ星へ行くんだ」

地球は今に人間が住めなくなる。その前に地球を捨てると言う。

そこに突然、竹槍で武装した住人たちが押しかけてくる。少年が宇宙人だという噂に恐怖を抱き、暴徒と化したのだ。引きずられる少年を見て、たまらず廃屋から出てくる金山。

「待ってくれ！　宇宙人は私だ」

襲いかかる群衆たち。もみ合いになるなか、警官が発砲して、金山は死亡する。失意に打ち震えて、うずくまる郷。そのときである。金山が封印していた怪獣・ムルチが地中から現れ、街を破壊し始めた。郷は逃げ惑う住人から怪獣を倒すよう要求されるが、その身勝手さにあきれ果ててしまう。だが、思い直してウルトラマンに変身。悲しい戦いが始まる。


戦闘シーンの最初の攻防は、長回しで撮られている。雨が打ちつけ、風が吹きすさぶ音が悲壮感を演出する名場面だ。ウルトラマンはムルチをスペシウム光線で倒すが、無力感に包まれたのか、しばし立ち尽くす。


そして、ラストシーン。金山が死んだあとも、少年は穴を掘り続ける。その姿に隊員と郷の会話がかぶさる。

「いったい、いつまで掘り続けるつもりだろう？」

「宇宙船を見つけるまではやめないだろ

初めて普通の青年である「ウルトラマン」の苦悩と成長が描かれたシリアスドラマだった

うな。彼は地球にさよならが言いたいんだ」

以上が、「怪獣使いと少年」のストーリーだ。

川原の廃屋、アイヌと縁の深い北海道出身の少年、宇宙人の名前は在日韓国・朝鮮人に多いといわれる名字の「金山」――。

沖縄出身の上原は、差別や偏見、集団心理の恐怖をテーマに、この脚本を仕上げたのだろう。根深い問題だからこそ、後味の悪い結末がふさわしい。

『恐怖劇場アンバランス』の映像化すら見送られた過激脚本

さて、子供向け特撮番組に深いテーマを織り込む円谷プロだが、彼らが「大人向け」を手掛けた場合、どのような作品ができあがるのか？

『恐怖劇場アンバランス』は、『ウルトラQ』や『怪奇大作戦』の怪奇路線を引き継ぐ形で、1969年7月に制作がスタートした。これまでは、あくまで大人も楽しめる子供向け作品だったのに対し、『アンバランス』は完全な〝大人向け〟

差別や偏見を真正面から描いて後味の悪さを残した「怪獣使いと少年」の監督は降格に

を志向した。

一話完結のオムニバスで、鈴木清順、藤田敏八、黒木和雄などの名監督が担当。その多くは、円谷プロのプロデューサーが新宿ゴールデン街の行きつけの店で集めたというから驚きだ。出演俳優もひと味違った。蜷川幸雄に唐十郎、野坂昭如など、つくり手として名高い面々を起用した。

しかし、完成した作品は「あまりにも恐すぎてスポンサーがつかない」という理由で、テレビ局から敬遠されてお蔵入り。放送されたのは3年後の1973年だった。その際、番組冒頭と最後に、青島幸男による解説シーンが加えられた。

放送時間は深夜11時15分。裏番組が『11PM』で視聴率が伸び悩み、わずか3カ月で終了してしまったが、実験的な演出も多く、印象深い作品ばかりだ。そんな『アンバランス』でさえ、過激すぎて映像化を見送った脚本がいくつか存在する。

うち一つが、「おそろしき手鞠唄」だ。幼

不条理や怨念など人間のリアルすぎる「真の恐怖」を描いたカルト作品

い娘を無残に殺害された母親・日野良子が、娘の遺体の一部を食べることで、娘に起きた出来事を追体験し、犯人に復讐するストーリー。

娘を殺した犯人は、大会社の重役で家族もあるが、戦争で出征中、現地の住民を虐殺するうち、幼女を強姦して殺すことに快感を覚えるようになった男だった。良子は男に近づいて肉体関係を持ち、その息子も誘惑して父子関係を壊す。また、娘にも父の悪行を告げて責め立て、自殺に追い込む。

後ろ盾だった妻と義父から見放され、廃人同然となった犯人の男を、良子はゴミ処理場の冷蔵庫に閉じ込めて放置。そして冷蔵庫の上には大量のゴミが積み上げられていく。

脚本は、前述した「怪獣使いと少年」を手がけた上原正三だ。

食人と小児性愛という要素を含んでおり、もし映像化されていたら、トラウマ必至の作品となっていただろう。

問題となる作品が減少した現在だからこそ、本気の円谷制作の怪奇ドラマ復活が望まれる。

社会問題に切り込みすぎたため、未映像化された作品は他にもある。DVDは2007年に発売された

本書は2016年11月に小社より刊行した単行本『実話！「発禁＆放送禁止」タブーの全真相』を改訂・改題し、文庫化したものです。

宝島SUGOI文庫

封印作品「発禁&放送禁止」タブーの全真相
(ふういんさくひん「はっきん&ほうそうきんし」たぶーのぜんしんそう)

2024年6月19日　第1刷発行

著　者　「噂の真相」を究明する会
発行人　関川 誠
発行所　株式会社 宝島社
〒102-8388　東京都千代田区一番町25番地
電話:営業 03(3234)4621／編集 03(3239)0928
https://tkj.jp
印刷・製本　株式会社広済堂ネクスト

First published 2016 by Takarajimasha, Inc.
ISBN 978-4-299-05568-2